三味線ザンス

遊里と芝居とそれ者たち

西園寺由利

まえがき

皆さんは三味線をご存知ですか。
見たり聴いたり、触ったりしたことがありますか。
恐らくほとんどの人が「否」でしょう。
では、長唄・常磐津・清元・小唄、それぞれどう違うのか。
どうして三味線にそんな多くの種類があるのか。
なぜ三味線が日本を代表する楽器なのか、お分かりですか。
これも恐らくほとんどの人が「否」でしょう。
それほど三味線は、はるかかなたに取り残されているのです。

三味線の元となった楽器は沖縄の三線《さんしん》です。室町時代後期の永禄年間（一五五八～七〇年）に、当時日本最大の貿易都市だった堺に伝来しました。
そして安土を経て桃山時代の後期、慶長二年（一五九七年）に現在の三味線の原型が出来上がったのです。

三味線を一番初めに弾いたのは、中小路《なかしょうじ》という琵琶法師です。中小路はそれを遊女たちに伝え、遊女屋の主人、林又一郎が三味線入りの遊女かぶきを思いつきました。

一方で琵琶法師の仲間は琵琶を三味線に持ち替え、三味線浄瑠璃というものを創り出しました。そこから三味線入り人形浄瑠璃が生まれ、これが「文楽」の原型となるのです。

遊女かぶきが禁止されたあとに出た、若衆かぶきで初めて三味線を弾いたのは猿若座の杵屋喜三郎です。彼が長唄三味線の始祖となります。

かくして三味線は瞬く間に日本中に伝播し、江戸時代半ばにはお上が頭を抱えるほど流行したのです。

当時三味線を楽しめる場所は、芝居と遊里の二ヶ所しかなく、ここは悪所といわれた場所です。ですから三味線は悪所に咲いた花ともいえるのです。

芝居では舞踊の動きに都合のいいように、遊里では座興にちょうどいいように三味線は育てられました。

長唄は芽生える前から歌舞伎と一蓮托生で来ましたので、はじき出されることはありませんでしたが、次々と湧いて出る浄瑠璃は弱肉強食の世界です。

生存競争に破れ、芝居を追われた浄瑠璃太夫たちは、もう一つの悪所吉原に逃げ込み、遊里独特の座敷浄瑠璃を展開させるのです。
競争に勝ち残った豊後三派（常磐津・富本・清元節）の浄瑠璃は、歌舞伎と未来永劫のゆるがぬ関係を築きますが、義太夫節を除くそれ以外の浄瑠璃は、ほとんどすべてが色里の女たちの手によって伝えられてきたのです。

一〇〇万都市の約八割が男という江戸中期には、公許吉原のほかに、岡場所という黙認された遊里があちこちにありました。

岡場所の代表格、深川に芸を売る芸者という新手の女性が登場すると、江戸中に芸者が蔓延しました。吉原の芸者は少し遅れて登場しますが、芸者の登場で遊女や女郎が次第に芸から離れていくのです。

そして三味線は芸者の独占販売となり、芸者と三味線は一心同体になります。

明治期に芝居を離れた長唄演奏団体が登場し、そこからプロの女流長唄演奏家が派生しました。戦後は浄瑠璃界からもプロの女流演奏家が生まれ、流れが変わりましたが、それまでは女流三味線の担い手は芸者だったといっても過言ではありません。

私は長唄の三味線弾きですが、ほかのジャンルの三味線もルーツは一つです。ですから同じ三味線弾きとして、分派のプロセスをきちんと詳解し、冒頭の疑問にお答えしたいと思うのです。

幸い過去に『長唄を読む』全三巻と、改訂版『長唄を読む』全三巻を出版しました。これは長唄に特定して書いた本ですが、他ジャンルの三味線音楽も登場します。

本書はそれを引用し、不足の項目を加筆してまとめた、三味線音楽の手引書です。

改めて三味線を俯瞰してみますと、三味線に関わったそれ者《しゃ》（遊女・芸者・玄人）たちの人間性や生活、さらには日本人の本質までもが見えてきて、とても興味深いものがあります。

西園寺　由利

平成三一年三月吉日

三味線音楽略系図

本書に記載なき種目は略す
（数字はページ数）

- ●石村検校 三味線組歌（本手組）30
  - 語り物
    - 三味線浄瑠璃 44
      - 硬派系浄瑠璃 沢住検校 44 ― 薩摩浄雲 47
        - 桜井丹波少掾（金平節）120
        - 薩摩外記（外記節）148
          - 広瀬式部太夫（式部節）158
          - 大薩摩主膳太夫（大薩摩節）162
        - 土佐少掾（土佐節）78 ― 手品市左衛門（手品節）158
        - 虎屋源太夫
      - 軟派系浄瑠璃 滝野検校 45 ― 杉山丹後掾 46 ― 江戸肥前掾（肥前節）154 ― 江戸半太夫（半太夫節）154 ― 十寸見河東（河東節）157
    - 三味線説経（説経節）46
      - 歌祭文（祭文）46 ― 浮かれ節 ちょぼくれ 283 ― 浪花節 283 ― 浪曲 284
      - 瞽女唄 274
  - 唄い物
    - 柳川検校（破手組）49 ― 佐山検校（長歌）49
      - 江戸端唄 258
        - 東明節 265
        - 大和楽 270
        - 江戸小唄 264 ― 三味線歌謡 269
        - うた沢 261
      - 江戸長唄（長唄）210 ― 荻江節 217
      - 上方長歌（地歌）54 ― 上方端歌 258
- ●その他
  - 民謡 286
    - 俚奏楽 287
    - 津軽三味線 275
  - 俗曲 260 ― 浮世節 259

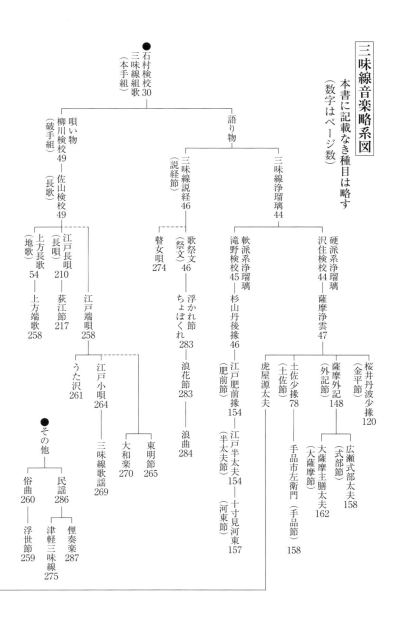

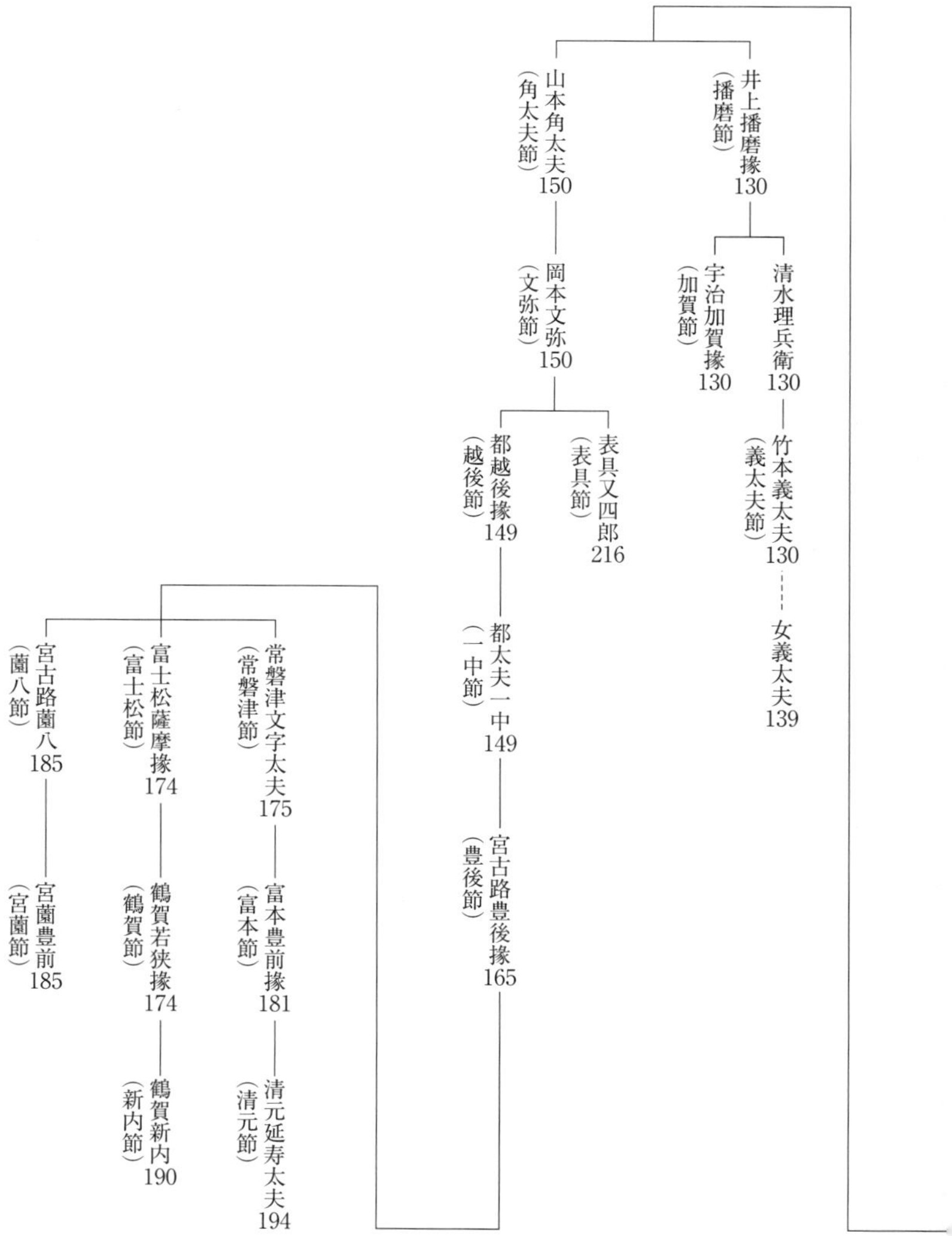
井上播磨掾
（播磨節）
130
清水理兵衛
130
宇治加賀掾
（加賀節）
130
竹本義太夫
（義太夫節）
130
女義太夫
139
山本角太夫
（角太夫節）
150
岡本文弥
（文弥節）
150
表具又四郎
（表具節）
216
都越後掾
（越後節）
149
都太夫一中
（一中節）
149
宮古路豊後掾
（豊後節）
165
常磐津文字太夫
（常磐津節）
175
富本豊前掾
（富本節）
181
清元延寿太夫
（清元節）
194
富士松薩摩掾
（富士松節）
174
鶴賀若狭掾
（鶴賀節）
174
鶴賀新内
（新内節）
190
宮古路薗八
（薗八節）
185
宮薗豊前
（宮薗節）
185

目次

第二章　三味線の背景

第三章　遊里と三味線

第十一章　そのほかの三味線

序章

三味線という楽器

三味線の直接の元となった楽器は、沖縄の三線《さんしん》（蛇皮線《じゃびせん》）という楽器です。そのルーツははるか古代エジプトにまで遡りますが、ここでは略します。

三線はニシキヘビの皮を張った胴に黒檀《こくたん》の棹を差し込み、糸を張った撥弦《はつげん》楽器で、水牛の角《つの》製のピックを指にはめて弾きます。

室町末期、調弦も弾き方もまったく分からないまま、三線は楽器だけが琉球貿易の船に積まれて、堺の湊に入ってきました。そして堺に住む琵琶法師、中小路《なかしょうじ》の手に渡されたのです。

中小路はああでもない、こうでもないと、試行錯誤をくり返した末に、犬の皮を張った三味線の原型を創り出しました。そしてピックではなく、裁縫のへらのような小さな撥で弾くという奏法に辿り着きました。

楽器の改良が進み楽曲が作られるようになると、三味線を演奏する場所（芝居か座敷か大道か）に応じて三味線音楽のバリエーションが広がりました。そして楽器のサイズにも変化が起こり、従来の三味線より大きい太棹《ふとざお》・中棹《ちゅうざお》が作られました。結果、もともとの三味線は細棹といわれるようになったのです。

どの三味線も棹の長さはあまり変わりませんが、棹の幅が数ミリずつ太くなり、胴が一回りずつ大きくなりました。楽器が大きくなれば当然ですが、低くて厚みのある音色になります。

芝居小屋が屋根を持ち、劇場としての体裁を整えてくると、当然奏法にも変化が起きてきます。囃子を使わない人形芝居では、リズムを刻む打楽器的要素が求められますし、人形に命を吹き込むためにも烈しい音量が必要となります。

歌舞伎芝居でも、荒々しい立ち回りの場面などではダイナミックなリズムと音量が必要になってきます。こうして必然的に、撥を皮に叩き付けて弾くという打楽器的奏法が生まれたのです。

その結果、弦楽器だった三味線が、弦楽器と打楽器の二つの要素を併せ持つ、世にも珍しい楽器へと変身したのです。

口三味線という唱歌《しょうが》ではタ行のチン・ツン（ヅン）・テン・トン（ドン）が打楽器の唱歌となり、ラ行のリン・ルン・レン・ロンが弦楽器の唱歌になっています。面白いと思いませんか。

三味線は三本しか糸がなく、チューニングは基本の本調子・二上《にあが》り・三下《さんさが》りと、稀に使われる変調子しかありません。一本調子では飽きてきますので、曲の途中で何度か転調し雰囲気を変える、というのが作曲の常套手段になりました。

つまりチューニングを変えるということですが、基本的にチューニングというものは演奏前に行なっておくものです。曲の途中で転調し、転調のプロセスさえも音楽の一部にしてしまうという弦楽器は、世界中どこを探しても三味線以外にないのではないか、といわれています。

糸というものは三味線に限りませんが、伸びます。ですから、我々は演奏においては糸の伸びる時間を計算して三味線の糸を掛け（張る）るのです。

あまり伸ばしすぎると含みのない味気ない音になりますし、伸ばし方が足りないと演奏中に調子が狂ってきます。どの程度伸ばすかは演奏者の勘と好みで、十人十色です。

また、糸は元に戻ろうとする性質がありますので、転調するとしばらくは調子に狂いが生じます。

例えば本調子から三の糸を下げて三下りにした場合、三の糸は元に戻りたいので、つり上がってくるのです。そのために糸が落ち着くまでは、小刻みに三の糸を下げ続けなければいけません。

そうでなくても三味線は打楽器的奏法をしますので、撥で糸を弾くたびに物理的に糸は伸び、調子は狂うのです。

三味線は常に調子を狂わせる奏法をしながら、調子をキープし続けなければいけないという、誠に矛盾したやっかいな楽器なのです。

しかもその動作は音楽性をそこねないように、瞬時に行なわなければいけない。ですから演奏中に、演奏者の誰もが糸巻きに手をやって微調整をします。その仕草を見て「楽屋でチューニングをして来なかったのか」、とあきれる人もいると聞きましたが、それは認識不足というもので、それが三味線の特質なのです。

三味線の糸巻きは、テーパー（角度）のついた棒を、テーパーのついた金属製の穴に差し込んだだけの単純な構造です。穴に強く差し込んで止めるこの方法は摩擦式といいます。

バイオリンの糸巻きがそうであるように、摩擦式は一番単純ですが、さまざまな形状を試した末に辿り着いた、究極の原始形ともいえるのです。

三味線のチューニングは十二平均律の中から、唄う人のキーに合わせて選びますが、微分音のメリハリ（高低）も自在です。

また絶対音階とは無縁ですので、演奏者によって三の糸が少し低め、二の糸が少し高めといった具合に調弦にも好みがあります。これが許されるのもいかにも日本人らしい感性です。

しかし演奏する場合は、タテ三味線（舞台中央の主奏者）のチューニングに合わせなければいけませんし、演奏中の微調整もしかりです。ねじ式や機械式の糸巻きではちょうどいいところで止まらず、微妙な上げ下げに対応できないのです。

勘所《かんどころ》というポジションも、調弦と同じく演奏者の好みが許される世界です。しかし演奏の場合はタテの勘所に合わせます。そしてタテと同じタイミングで撥を上げ、モーションを揃えて弾くのです。

演奏においてはタテが指揮者となります。演奏は横一列に並んで行なわれますので、タテは掛声や気配で自分の持っていこうとする音楽の方向性を、左に並ぶワキ（副奏者）に示します。

ワキはそれを以心伝心で隣の奏者（三枚目）に伝え、以下順にトメまで伝えます。またタテ以外は、おのおのが自分の右側にいる奏者の撥の動きを目の端に入れて弾きますので、何人並ぼうと一糸乱れぬ演奏ができるのです。

三味線弾きはタテの音楽性に同化するために、いくつものアンテナを出し、タテの気配を察しながら勘所を揃え、調子をキープし、何食わぬ顔をして演奏をしなければいけないのです。楽譜を見ていてはそこまで神経が行き届きませんので、当然暗譜です。

相対的に見て、三味線は世界一難しい楽器かもしれません。

また三味線にはサワリという独特の仕掛けがあります。棹の最上部にある金属製の上駒《かみごま》を一の糸だけはずし、棹に直接当たるようにした部分です。そして上駒の下を、一センチほどの幅でU字形に削り、くぼみを作ってサワリの山と谷を作ります。

こうすることによって一の糸を弾くとビーンといった倍音が生じます。これが単音で残響の少ない三味線の音色に、深みと厚みを増すのです。

サワリは洋楽の楽音（純粋な音）に慣れた耳にはノイズと感じるのですが、この噪音こそが、三味線を三味線たらしめている由縁《ゆえん》なのです。虫の声を愛でる日本人の感性が、三味線の音色の中にも自然を求めた結果がサワリといえるのです。

次に三味線の材質ですが、胴に使われる木はすべて花梨《かりん》です。棹は最高級が紅木《こうき》、次に紫檀《したん》、稽古用は花梨で、いずれもインドや東南アジアからの輸入材です。

糸巻きは象牙や黒檀が中心ですが、津軽三味線用にカラフルなクリスタルガラス製も作られています。

三味線の糸は琵琶や箏などと同じく、絹製です。学校や稽古用には切れにくいテトロンやナイロンの糸があります。

駒は三味線のジャンルによって、材質や形状が異なります。ほとんどは象牙が主流ですが、津軽三味線や民謡は竹製です。

重厚な音を必要とする義太夫節や地歌の駒は水牛の角製で、中に鉛を埋め込んで重くしています。

そのほかにも鼈甲《べっこう》・桑・紅木・舎利（骨）・プラスチックなど実にさまざまな種類の駒があります。駒は皮に直接触れますから、駒の高さや材質、また駒を掛ける（置く）場所によっても、まったく音色が変わってくるのです。

ですから、駒は高さが三分《さんぶ》（約九ミリ）未満から四分（約一・二センチ）くらいまで幅があり、厘《りん》（〇・三ミリ）刻みで揃っています。

撥の材質も駒と同じくほとんどは象牙ですが、地歌と津軽三味線には握る部分が象牙で、撥先部分は鼈甲の物があります。

また最近ではアクリル製のカラフルな撥もあります。稽古用には樫・黄楊《つげ》・プラスチックなどを使います。

撥のサイズは演奏者の手に合わせて作りますので色々ですが、およそ一九~二五センチくらいの間でしょうか。

撥の重さは鉛を入れて調整します。撥先の厚さや開きは三味線のジャンルや個人の好みによっても異なりますので、実にさまざまです。

打楽器的要素の一番強い義太夫節の撥は、開きが少なく、撥先の厚みが五~八ミリもあります。それ以外のジャンルの撥は、ある程度しなりが必要ですので開きが大きく、撥先は一ミリ前後の薄さです。

演奏家はいくつもの駒や撥を使い分けています。なぜなら駒はキーの高低によって高さを変えるため。撥は天候や空調によって状態の変わる皮に合わせ、また会場の広さや残響に応じて、その時一番楽器の鳴る撥で弾くためです。演奏家は独自の音色へのこだわりが強いのです。

三味線の皮は音色の良さから古来、猫と犬が使われてきました。しかし動物愛護の動きに応じて早くから合成皮革が開発され、色々なメーカーが参画しています。最近では食用のカンガルーやヤギの皮が長い試行期間を経て、実用化されました。音色はやはり天然素材の強味でしょうか、合成皮革よりは評判がいいようです。

昨今、撥や糸巻き、駒などに使われる象牙は、ワシントン条約の「野生動物保護のための国際条約」によって輸入規制がかかり、新規の入手が困難になりました。在庫品か、ごく稀に許される正規の輸入に頼るほかないというのが現状です。

幸いワシントン条約加入（一九八〇年）前から合成樹脂の撥や糸巻きが開発されていますし、人工象牙アイボラーは、プラスチック製弦楽器部品として特許を持ち（一九九四年）、知名度も高く製品も行き渡っています。

三味線という楽器には、まさに日本人のアイデンティティそのものが詰まっています。しかし残念ながら、わが国だけで完結していた時代はもう終わりです。

そろそろ新しい三味線の音色を受け入れなければいけない時期に差しかかったようです。

第一章

三味線のはじまり

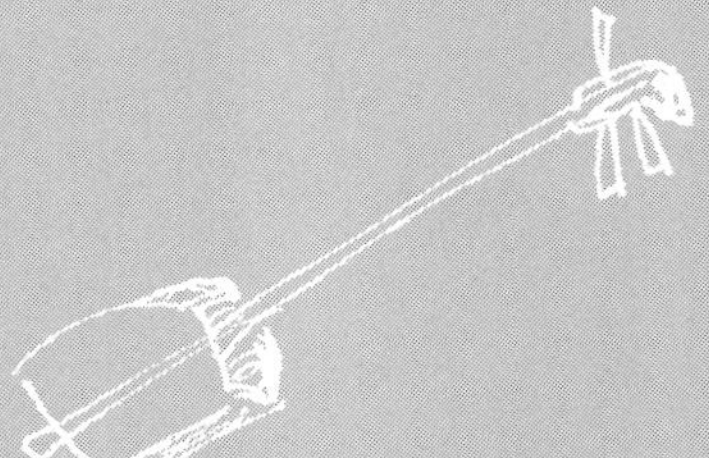

三線伝来

通説によりますと、三味線の原型となる三線《さんしん》（蛇皮線《じゃびせん》）が、琉球貿易の船に積まれて堺の湊に入ってきたのは、永禄年間（一五五八〜七〇年）といわれています。

当時は、戦国大名が天下取りに明け暮れた乱世の真っただ中です。そんな時代にあって、幕府の御用達外港としての利権を持つ堺は、遣明船や国内の船舶などが出入りする日本最大の港町でした。

堺は海側以外の三方に濠を巡らせ土塀を築き、海沿いには多くの納屋衆《なやしゅう》（豪商）の倉庫が立ち並びます。陸とは二つの橋でつながるのみで、入り口の門は夜間には閉まりますから、戦乱の世にあって日本一安全な都市でした。

納屋衆の中には千宗易《せんのそうえき》（利休）などの茶人や文化人が多く、堺は当時日本一裕福な都市でもあったのです。

茶の湯は足利義満の時代から権力者の政治手段に利用され、茶道具の名品名物は高値で取引されてきました。織田信長の時代になっても茶道御政道の手法は変わらず、船来品の珍品貴品は何でもまず、目利きのいる堺に運ばれました。

三線も琉球最先端の楽器として堺に入ってきたのです。

これを見た納屋衆が、「なんや見たこともない楽器ですな、中小路《なかしょうじ》に弾かせてみましょ」ということで、三線は十代半ばの琵琶法師、中小路の手に渡りました。

当道《とうどう》（後述）では無官の法師は住んでいる場所の地名で呼ばれるのみです。それに当時楽器を触《さわ》れるのは当道の琵琶法師に限られていました。

わが国の音楽は仏教音楽として始まりましたので、音楽は個人が楽しむものではなく、個人の好みで選べるものでもなく、身分によって扱える音楽が厳密に制限されていたのです。

例えば雅楽《ががく》は朝廷の、琵琶や箏は盲人法師の、能は武士の、尺八は虚無僧《こむそう》の、という具合です。

三線の胴には蛇の皮が張られていて、どうやら水牛の角《つの》で出来たピックを指にはめて弾くようです。

何しろ中小路は琵琶法師です。勝手の違う三線が弾けるわけはありません。ああでもない、こうでもないと試しているうちに何としたこと、皮が破けてしまいました。さあ、代わりに何を張るか。

猫皮と思うでしょうが、当時猫は鼠を取る益獣として大切に飼われていましたので、猫皮は考えられません。

猫の皮になるのは、芸者を隠語で猫と呼ぶようになる江戸中期以降のことでしょう。

この頃は野犬狩りのプロがいたほど野良犬が多かった時代です。生け捕った犬は、犬追《いぬおう》物《もの》という武士の騎射の標的として使われ、犬追物で射殺された犬の肉は鷹狩りの鷹の餌となります。

剝がされた皮は全く無用の長物ですから、中小路は廃棄された皮に目を付けたのではないでしょうか。

張ってみると犬の皮は蛇より断然強く、琵琶のように撥で弾いても大丈夫です。三線は三味線より棹が短いのですが、それは沖縄音階と日本音階が違うからです。

中小路は棹を少し長くして、小さな撥で弾くという奏法に辿り着きました。

今のような大きな撥になるのは、近松門左衛門が竹本座のために書いた『国性爺合戦《こくせんやかっせん》』（一七一五年）あたりからでしょう。それまでは浮世絵で見る限り、どの三味線も裁縫のへらのような細長い撥で弾いています。

三味線は打楽器と弦楽器の二つの特徴を持った、世界に類を見ない楽器なのですが、今のように胴に張った皮を強く叩くという、打楽器的奏法が加わったのも『国性爺合戦』あたりからではないでしょうか。

三味線が太棹・中棹・細棹とサイズのバリエーションを広げ、それぞれが独自の音色を追求するようになるのも、このあたりからでしょう。

詳しくは後述しますが、この時はまだまだ小さな撥で弾く、弦楽器としての域を出ません。

古来、日本人は舶来品を和風にアレンジし、独自のものにするという能力に長けています。中小路によって日本人の感性に合うように改良された三線は、豪商の某によって三味線と名付けられました。もっとも昔の習いとして、三美線・沙弥仙などの当て字も多くあります。

沖縄でも三線を三味線と呼ぶ地域がありますが、これは現代になってからのことだと思います。

出来立てほやほやの三味線は新奇好きの信長に献上され、安土城のコレクションにもなったことでしょう。しかし残念ながら本能寺の変（一五八二年）の数日後に安土城は燃やされてしまいましたので、その時の三味線は残っていません。

信長亡きあと天下人となった豊臣秀吉は、公家の所領や諸職に大幅な改定を行ない、諸権利を取り上げましたが、当道だけは久我《こが》家が引き続き所有することが許されました。

この時中小路は石村姓を賜り、検校《けんぎょう》に昇格しました（石村検校と中小路を同一人物とするのは通説です）。

当道

当道（当道座）とは平家琵琶を語る琵琶法師の職業的組織をいいます。琵琶法師は盲僧琵琶から派生しましたので、本来は寺社に属していました。

彼らは琵琶の伴奏で経を読み、あるいは寺を拠点に農村などを回り、地神経《じしんきょう》を唱えて、竈祓《かまどはら》いや地鎮祭などをしていました。

ところが律令国家の屋台骨が崩れ出し、大寺院はともかく落ち目となった貴族の私寺などでは琵琶法師を扶持《ふち》できなくなったのです。野に放り出された琵琶法師たちは自力での生活を余儀なくされました。

鎌倉時代（一一八五年～）の始め、比叡山の座主《ざす》（天台宗の最高位）慈円《じえん》が、「平家琵琶」を創作しました。これは琵琶の伴奏で『平家物語』を語るという音楽です。作者は信濃前司行長《しなののぜんじゆきなが》といわれています。

慈円は行長に平家の栄枯盛衰物語を書かせ、それを叡山常楽院の盲僧生仏《しょうぶつ》に語らせようと思ったのです。生仏は仏の利生や軍記物など、裏芸を語らせたら天下一の盲僧なのです。

雅楽の楽琵琶や、声明《しょうみょう》（謡う経文）などを取り入れ完成した平家琵琶は空前絶後の面白さで反響を呼び、たちまちにして平家琵琶は日本中に伝播しました。

彼らは盲目座という特権的同業組合を作り、本所《ほんじょ》（実行支配権を持つ者）中院家《なかのいんけ》に公事銭《くじせん》（税金）を納め、平家琵琶の職業演奏家としての権利を守りました。

ところが平家琵琶は盲人の口伝《くでん》ですので、一〇〇年以上も経ちますと収拾がつかないほど、異本や無手勝流があふれたのです。

何事によらず、世の中に残るべき価値のあるものには、不思議と救世主が現れるもので、室町時代（一三三六年～）の始め、播磨書写山《しょしゃざん》円教寺に盲僧覚一が現れました。覚一は天下無双の平家琵琶の名手で、しかも足利尊氏の従弟です。

上洛した覚一は、生仏の孫弟子にあたる一方流《いちかたりゅう》の如一《じょいち》に入門し、平家琵琶の詞章や曲節に改訂を加え、整理統一した『覚一本』を編纂《へんさん》しました。

そして盲僧琵琶を天台宗から独立させ、中院家の総本家にあたる久我家を本所に据え、当道という平家琵琶演奏家の一大組織を作ったのです。当道の運営は自治行政とし、社寺と同じく治外法権を持ちます。

また検校・別当《べっとう》・勾当《こうとう》・座頭《ざとう》の官位を設け、官金によって官位を与えます。

つまり金で官位を売るわけですが、その代わり官位に応じた配当金を与えます。

また琵琶法師の生活安定のために、晴眼者が職業として琵琶を弾いたり、教えたりすることや、当道に未加入の盲人が平家琵琶を弾くことを禁止しました。

そして覚一は如一を一方流の始祖に据え、自身は当道の最高位、初代総検校に就任しました。その後明石を知行し、明石覚一検校と名乗った覚一は、自身の屋敷を当道職屋敷《しょくやしき》(総括機関)として運営を開始しました。

こうして洛中だけで六〇〇人ほどもいた琵琶法師は、すべて当道の管理下に置かれ、職業上の安定が図られました。しかし官位は金でしか買えないのですから、琵琶法師の生活は決して楽ではなかったのです。

江戸時代になると芸能に厳しい規制が掛けられました。それにより当道職屋敷の既得権益が危ぶまれたのですが、総検校がいち早く徳川家康に奏上したことで、幕府の保護を得ることができ、従来通りの運営が許されました。

その結果、組織はより強力なものとなります。女の盲人組織瞽女《ごぜ》座（後述）を吸収し、諸国に仕置屋敷を配して全国の盲人を支配したのです。

●この頃から「平家琵琶」は「平曲」といわれるようになります。

当道はさらに四官だった官位を、七〇刻以上に細分化しました。無官から検校にまで順を踏んで上りつめるには、七〇〇両（約四二〇〇万円）以上もの金が必要だったそうです。もちろん金を積めばいくらでも飛び級はできます。

しかし官位は実力ではなく、金でしか買えません。そこで金のない盲人に座頭金《ざとうきん》（官位取得金）を高利で貸し付け、幕府公認をよいことに、裏では武士や町人などにも高利貸しをしたりする悪徳検校も現れたといいます。

三味線組歌

さて、当道の管理下におかれた三味線ですが、石村検校は弟子の虎沢検校と組んで楽曲の創作に取りかかりました。

とりあえずは既存の小歌などに曲を付けてみました。そして一曲では短いのでそれを数曲組み合わせて長い一曲とし、これを「三味線組歌」と名付けました。

この三味線組歌が、今後展開されるすべての三味線音楽の起点となります。

石村検校の組歌に「琉球組」というのがあります。六番で一曲となっているのですが、一番目の曲は飛騨高山の「吉左右《きっそう》踊り」と同じ歌詞です。

〽比翼連理《ひよくれんり》よの　天に照る月は　十五夜がさかり　あの君さまはイヨ　いつもさかりよの

これは飛騨高山の領民が、豊臣秀吉の朝鮮出兵の勝利と、淀の二度目の懐妊という吉左右（吉報）を祝い、踊ったものです。

旋律が沖縄っぽいのは、恐らく石村検校が名護屋城（朝鮮出兵の佐賀本陣）で琉球人の弾く三線を聴いて、それと同じ旋律に歌詞を無理矢理はめ込んだからでしょう。曲の長さに対して歌詞が短いので、石村検校は母音《ぼいん》を伸ばし、囃子詞《はやしことば》をたくさん入れて辻褄を合わせたようです。

母音に節を付けて一音節を長く伸ばす唄い方をメリスマといいます。例えば春を、「はァ〜〜　ァ〜〜　るゥ〜　ゥ〜〜」と唄うことです。つまりこぶしを回す、という類《たぐ》いのものです。

産字《うみじ》（片仮名の部分）が長くなると意味が分かりにくくなるのですが、これは今に始まったことではありません。原始時代から、わが祖先はメリスマ嗜好なのです。

歌詞を聴き取るということより、歌う人の声や産字が表現する、情緒や雰囲気を感じ取ることのほうが大事だったのでしょう。意味は漠然と分かればいいのです。

例えば宗教音楽の声明《しょうみょう》は実のところ何を唱えているのか全く分かりません。でも僧侶の声が響き合って実にありがたい。それと同じ感覚です。

遊女・白拍子

三味線組歌を創り上げた石村検校は、次に普及活動を始めました。主な対象はまず遊女です。この時代はまだ歌舞伎もなく、三味線消費地は遊里しかなかったからです。白拍子《しらびょうし》以来、久しく芸を持たずに来た遊女が三味線を手にして、初めて芸の意識に目覚めたのです。遊女と三味線は、この時から運命共同体として歩み始めます。

わが国遊女の始まりは弥生時代に祈禱や呪術《じゅじゅつ》を行なっていた巫女《みこ》です。豊作祈願の神事においては、降臨なさった神と饗応し、芸能や目合《まぐわい》（性交）でもてなしました。時代が下ると巫女は、特定の神社に属する神社巫女と、諸国を回る歩き巫女に分かれました。歩き巫女の末裔が、平安時代の遊女《あそびめ》です。この頃交通はもっぱら船でしたから、瀬戸内海から淀川を遡り京に至るルートは都への交通の要《かなめ》でした。

特に朝廷の御用達外港難波津《なにわづ》と縁の深い、江口と神崎の船泊りは殷賑を極めました。船泊りには宿が発生し、客の相手をする女が出現しました。それが遊女です。旅の船が着くと、遊女は小端舟《こはしぶね》という小さな舟に乗り船に近づきます。そして鼓を打ちながら神歌などを歌い、褒美として衣服や絹などの品を貰いました。

招かれれば客船に移って酒宴の相手をし、夜には岸辺に林立する遊女宿に客を迎えて夜《よ》伽《とぎ》の相手をしたりします。巫女がルーツの遊女にとってはこの時、客は神ということになります。


宇多天皇（在位・八八七～八九七年）は、しろという江口の遊女が特にお気に入りで、御所や離宮に呼んでは遊びに興じたといいます。

天皇に倣ってほかの貴族も遊女を私邸に呼んで遊びましたから、この時代皇族・貴族に遊女腹の子が多かったのです。

それが官位の昇進に何ら支障がなかったのは、遊女がまだまだ巫女に近い存在だったからでしょう。

遊女《あそびめ》を遊女《ゆうじょ》と呼ぶようになるのは鎌倉時代頃からです。

陸路が発達してくると、今度は街道の宿々に陸の遊女ともいうべき、傀儡女《くぐつめ》が発生しました。

彼女たちは傀儡宿で長者に率いられて暮らし、旅人の相手をします。また遊女同様、権門・貴顕の館に招かれ、酒席に侍って鼓を伴奏に今様《いまよう》などを歌いました。傀儡女は容姿よりも声の良し悪しが優先されたといいます。

傀儡女の歌う、神歌や法文歌《ほうもんか》・神楽などをアレンジした今様は、貴賤を問わず洛中に流行り、次第に内容も頓知やニュース性のある機知に富んだものとなっていきました。

若い頃の後白河天皇（在位・一一五五～五八年）は今様狂いといわれたほど今様にのめり込み、傀儡女を囲っては夜も日も明けず歌い暮らしたといいます。

そして、今様の正統を伝える最後の傀儡女となった乙前《おとまえ》を片時も放さず傍に置き、『梁《りょう》塵秘抄《じんひしょう》』という今様歌謡集を編纂したのです。

同じ頃、都に定住型の町の遊女が現れました。遊女も傀儡女も歌うばかりで舞いませんが、都の遊女は今様を歌いながら男装で白拍子を舞いました。ですからいつのまにか、彼女たちを白拍子というようになったのです。

白拍子とは笏《しゃく》、または扇拍子だけで拍子を取って舞う、素拍子《しらびょうし》からきた名称です。白拍子の始まりは『平家物語』にも書かれた島の千歳・和歌の前の二人だといわれています。白拍子は客を待つのではなく、自ら推参して売り込むのです。

平清盛に寵愛された祇王《ぎおう》・祇女《ぎじょ》姉妹や、仏御前。源義経の愛妾、静御前などが玉の輿に乗った白拍子として名を残しています。静御前の母磯禅師《いそのぜんじ》も白拍子の先駆けです。

時代が移り武士が台頭してきますと貴族社会が力を失い、白拍子も自然消滅しました。

室町時代（一三三六年〜）になると芸を持たない遊女《ゆうじょ》が登場し、京の町にはさまざまな遊女屋が出現しました。北小路西洞院や五条東洞院は足利義満の愛妾にもなった高橋殿の出た高級遊女屋が並び、錦小路には辻子君《ずしぎみ》という下級女の遊女屋が立ち並びます。五条橋辺りには立ちんぼの立君《たちぎみ》があふれました。

公事銭《くじせん》（税金）を取って遊女屋を取りまとめたのは、当道座と同じく、公卿《くぎょう》の久我家です。

豊臣秀吉の時代になりますと、大坂城（明治までは大坂と記します）や京聚楽第《じゅらくだい》の建設で数万人規模の人夫や工匠が集められました。

昔の性意識は極めて単純明快。「男集まる。女要る」ということで遊女屋が見境なく増え、町のあちこちに点在しました。

これでは今後の都市計画上都合が悪い。一カ所に集めた方が管理もしやすいということで、まずは大坂新地（道頓堀川北岸辺り）にわが国初となる、公許の遊女町が造られました（一五八五年）。

次に京ですが、京の町造りは聚楽第を中心に行なわれましたので、やはり遊女屋の点在はまずいのです。秀吉は元家臣の原三郎左衛門と、林又一郎の二人を代表者に据えて、二条柳町に遊里を許可しました（一五八九年）。

秀吉が小田原攻めに造った本陣石垣山城や、朝鮮出兵のために築いた佐賀の名護屋城などは、天守を構えた立派な城です。

特に名護屋城は長期戦に備えて築城されましたので、その規模は大坂城に次ぐといわれています。城の周囲には城下町が築かれ、数十万にも及ぶ兵のために遊女町まで造られました。

城にはもちろん能舞台も茶室もあります。秀吉は黄金の茶室を運ばせ、能太夫や利休、石村検校などを伴いました。

石村検校は滞在中に遊女たちに三味線を広めたのでしょう。小姓の中からも三味線の上手が出たといいます。

三味線「淀」

現存する最古の三味線といわれているのは、「淀《よど》」という銘を持つ三味線です。

これは豊臣秀吉が側室淀のために作らせたもので、黒漆の胴には「松に鶴」「日の出に松」の金蒔絵が描かれた美術品のような三味線です。

胴の内側には「伏見御殿之御下命　大法橋《だいほっきょう》治光作　慶長二年（一五九七年）春三月」と墨書きがあります。

当然それより前に「淀」と同程度の三味線は作られていたと思われます。

しかし「淀」が現存する最古の三味線であり、「淀」をもって中小路の始めた改良の第一段階が終了したとされています。伝来以来実に三十数年もの歳月を要したということになります。

「淀」は全長が約九六センチで、現在の細棹三味線より二センチほど短く、胴も薄く、棹も細い。全体に小振りの三味線です。

三味線の名匠として知られているのは石村近江ですが、「淀」の作者、神田治光が初代石村近江ではないか、という説があります。

事実初代近江は京都の人で、二代目から江戸に移りました。幕末まで十一代続いた名匠石村近江の三味線は、その時代時代で垂涎の的《まと》でした。

特に五代目くらいまでの近江の作った三味線は古近江《こおうみ》と称され、美術品としても国宝級の価値を持ちます。

「雷電」「胡蝶」「十二調子」などの名器は、かつては紀伊国屋文左衛門や奈良屋茂左衛門などの豪商が所有していました。今は大学や博物館、そして個人などが所有しているようです。

秀吉は出来たばかりの「淀」の音色を楽しむために、石村検校や柳町の遊女を連れ、淀と五歳になった秀頼を伴い醍醐寺に花見に出かけました。

昔の醍醐寺には今のようにたくさんの桜はなかったようです。秀吉は秀頼の喜ぶ顔を見て、この寺を桜だらけにして秀頼をもっと喜ばせてやろうと思ったのでしょう。

すぐさま畿内や吉野から七〇〇本もの桜を移植させ、寺の修復や再建に着手しました。

翌年（一五九八年）春、待ちかねていた醍醐寺の桜が見事に咲きました。

かつて北野大茶会では、茶湯の心得のある者には貴賤の隔てなく門戸を開いた秀吉ですが、今度は秀頼の身を案じて男子禁制です。

秀吉から招待された諸大名の女房や女中以外は立ち入り禁止の、女だけの花見です。招待客の数は一三〇〇人といわれています（その中には当然遊女も含まれていたでしょう）。

奇想天外なことが好きな秀吉は、女たちに宴の途中で二回の着替えを命じました。もちろんその小袖はすべて秀吉からのプレゼントです。

この時秀吉が発注した小袖の数は三九〇〇枚といいます。費用は今の貨幣で四〇億円ほどにもなるでしょうか。

大事な秀頼のために伏見城から醍醐寺までの道々には警固の者を置き、醍醐寺の周りには竹矢来を幾重にも張り巡らせました。境内には趣向を凝らした茶屋を造り、大名たちが店主に扮します。

花にも勝るきらびやかな小袖の数々、そこかしこの花の下では遊女が乱舞し、三味線の音が嫋々《じょうじょう》と流れる。彼女たちが弾いたのは超スローテンポの当時の小歌でしょうか。「淀」はまさにこの日のために作られたのです。しかし「淀」が淀の手許にあったのはほんのわずかです。

秀吉は醍醐の花見から五ヶ月後に病死し、朝鮮に送られていた兵士諸将は全員戦場から引き揚げました。

「淀」は一番槍で戦功を上げた、筑後柳川藩士の十時伝右衛門《とときでんえもん》に褒美として与えられたのです。

「淀」は幕末には別家の曾我家に移り、明治期に子爵曾我祐準《すけのり》の近戚に渡りました。その後一時東京藝術大学が所有していましたが、現在は個人蔵と伝わります。

三味線浄瑠璃

当道に石村検校らの三味線が浸透してきますと、琵琶の伴奏で語っていた浄瑠璃《じょうるり》を、三味線の伴奏で語る検校が現れました。

石村検校の孫弟子にあたる沢住検校です。彼は室町時代に大流行した琵琶の「浄瑠璃姫物語」を三味線版に改作したり、新たな曲を作ったりと独自の世界を展開し、これを「三味線浄瑠璃」と名付けました（一五九六年頃）。

浄瑠璃という言葉は『浄瑠璃姫物語』からきたものです。

三河の国矢作《やはぎ》の遊女が伝える牛若丸と浄瑠璃姫の恋物語です。

室町時代（一三三六年〜）に足利義政の東山サロン（銀閣寺のある東山山荘）に出入りする公卿の某が、それを十二段からなる御伽草子《おとぎぞうし》（空想的短編小説）に仕立てました。

始めは幸若舞《こうわかまい》風（武士の好む舞の一）に脚色されたのですが、幸若舞は軍記物がメインですので、ロマンスには向かなかったようです。そこでこれを琵琶法師に語らせてみたところ、瓢箪から駒、実に面白いものが出来たのです。

鎌倉時代（一一八五年～）に生まれ日本中を席巻した平家琵琶も、室町時代も終わろうかという頃にもなると、すっかり前世紀の遺物と化してしまいました。

今や源氏の正統を引く武士の影は薄く、成り上がりの戦国武士が主流の時代です。平家を聴いて涙する者などいません。まして裕福な町衆が世の中を動かすような時代ともなればなおさらです。

恋物語の「浄瑠璃姫物語」はまたたくまに町衆の間に流行り、持て囃されました。琵琶法師は行く先々で「浄瑠璃頼もう、浄瑠璃頼もう」と呼び止められます。

こうして図らずも琵琶法師の救世主となった「浄瑠璃姫物語」は日本中に流行し、いつの間にか琵琶法師＝浄瑠璃、という図式が出来上がるのです。

そしてついに語り物音楽全般の総称が浄瑠璃となったのです。

沢住検校は、従来のままの豪快な節回しを踏襲した浄瑠璃を語りました。

一方、沢住検校の弟子の滝野検校は、師匠の浄瑠璃とは対局にある、繊細で柔和な語りを打ち出しました。

専門用語では沢住検校の浄瑠璃を「硬派系浄瑠璃」、滝野検校の浄瑠璃を「軟派系浄瑠璃」といいます。この硬派と軟派二つの浄瑠璃が、三味線音楽「語り物」の源流となります。

滝野検校の弟子、次郎兵衛と監物《けんもつ》は、西宮神社の恵比寿人形操りと組み、都一番の繁華街五条橋の東詰に、三味線入り人形浄瑠璃の小屋を掛けました（一五九八年頃）。これが「文楽」（後述）の祖となります。

また説経節と結びついて「三味線説経」が、さらに歌祭文《うたざいもん》（祝詞《のりと》の芸能化したもの）と結びついた「三味線祭文」なるものも現れ、三味線はまたたく間に既存の芸能と結びついていきました。

女の浄瑠璃太夫《たゆう》も現れ、六字南無右衛門《ろくじなむえもん》が人気を独占しました。彼女は超の付く美形です（後に豊臣の重鎮、浅野幸長に身請けされます）。

当時の人形浄瑠璃は今と違って、太夫が人形を遣いながら語るというのが主流でしたから女浄瑠璃の場合は、芸よりも顔が命だったのです。

沢住検校や滝野検校の弟子からは、杉山七郎左衛門（後の杉山丹後掾《たんごのじょう》）や、虎屋次郎右衛門（後の薩摩浄雲）など、晴眼者の太夫（浄瑠璃語り）が出ました。

軟派系の杉山丹後掾と、硬派系の薩摩浄雲、この二人は江戸浄瑠璃の二大流祖となる人物です。ここから河東節・大薩摩節・外記節・義太夫節、さらに一中節・豊後節・常磐津節・清元節（すべて後述）など、幾つもの浄瑠璃が派生していくのです。

七郎左衛門はほかの太夫に先駆けて江戸に下り、中橋南地《なんち》（京橋辺り）に操り座を出しました（一六一六年）。

御前芝居で徳川家光のお墨付きを得た七郎左衛門の操り座は、物珍しさもあってか江戸一番の人気となり、彼は丹後掾を受領します。

次郎右衛門は七郎左衛門に遅れること数年、中橋南地の杉山座の傍に操り座を開きました（一六二四年頃）。

次郎右衛門の語る豪放な浄瑠璃は薩摩藩二代目藩主の島津光久の絶大な庇護を受けることとなり、次郎右衛門は薩摩の名を許され薩摩太夫と改めました。

彼はもともと人形遣いですので人形にも色々と改良を加えました。まずは重い土製の人形を軽い木製にしました。そして糸操りから手遣いに変えて動きを敏速にし、さらに衣裳や舞台も思い切り派手にしました。

その面白さで薩摩太夫の操り座は大評判を取り、門を叩く若者もあとを絶ちません。彼は晩年剃髪して薩摩浄雲と名乗ります。

浄瑠璃太夫の受領は本物の国ではなく称号だけを拝領するものです。当時浄瑠璃太夫の掾号は守《かみ》・介《すけ》・掾（大掾《だいじょう》・少掾《しょうじょう》）・目《さかん》があり、嵯峨御所が発行しました（後には掾のみに）。

本来は芸に対して下賜される名誉称号ですが、戴けばお礼の金子が動くので、ただというわけにはいきません。

また、掾号があると興行上色々有利なので、金を包んで戴くということもあったようです。

明治以降は宮家が発行し、昭和三〇年頃までは続いていたようですが、その後は重要無形文化財の人間国宝にスライドします。

浄瑠璃というのは、語る人の声や節回しなど、独自性を旨とする芸能です。当然一人一人語り口が違いますので、基本一流派一太夫です。薩摩節とか丹後節という具合に、個人の名に「節」が付くのはそのためです。

長歌

石村検校の三味線組歌（本手組）の改良は続き、弟子の虎沢検校は加賀都《かがのいち》（後、柳川検校）と共に「破手組《はでぐみ》」を創作しました。これが三味線音楽の「唄い物」の始まりとなります。

派手のルーツともなった、破手組は本手組よりテンポも早く派手（騒がしい）な感じの曲といわれたようですが、伝承されている「飛騨組」を聴くと、合《あい》の手（歌のない間奏部分）以外は今の感覚からすれば、地味でまだるい。

やはりこれが時代のテンポだったのでしょう。長じて柳川検校は三味線柳川流を樹立します（一六二四～四四年頃）。

柳川検校の弟子、佐山検校は破手組をさらに改良し、やや長文のまとまった歌詞に三味線の手（旋律）を付けるということを考えました。歌詞に即したフレーズですので表現力が広がります。これが江戸長唄の母体となる「長歌」です。

佐山検校は同門の浅利検校と共に江戸に出て活躍しますので、長歌はまず江戸で広まり、その後上方に伝わることになるのです。

伝存している佐山検校の長歌「つつじ」は「飛騨組」と比べてもテンポは軽快で、合の手はリズミカルです。驚くことに、この時点ですでに本調子→二上り→三下り、という転調の手法が取られているのです。

八橋検校

八橋検校は柳川検校と同期に出た三味線の天才少年で、初名を城秀《じょうひで》といいます。大坂から江戸に出た城秀は、ある時たまたま柏屋という箏絃屋の主人の弾く箏を聴きました。柏屋の箏は、筑紫箏《つくしごと》といわれるもので、筑紫善導寺の僧賢順《けんじゅん》が、雅楽の箏や中国の七弦琴をアレンジして創案したものです（一五六〇年頃？）。賢順はこれを門人の僧法水《ほっすい》に教えました。法水はその後江戸に下り、わけあって還俗《げんぞく》して箏絃屋になったのです。その法水が柏屋の主人です。

箏は雅楽のものだと思っていた城秀は、法水の新感覚の箏に魅かれ、すぐに入門を乞いました。

筑紫箏は寺院雅楽から発生した楽箏《がくそう》ですから、演奏にあたっての作法も厳しく、極めて精神性を尊びます。ゆえに法水は今まで女や盲人に教えることはなかったのですが、城秀のなかに才能を見つけたのでしょうか、法水は城秀に筑紫箏を教えたのです。

その後城秀は、磐城平藩《いわきたいらはん》の江戸屋敷に招かれて三味線を弾くチャンスに恵まれました。藩主の内藤忠興《ないとうただおき》は城秀の三味線に感動して、すぐさま彼を五人扶持《ふち》で召し抱えました。城秀はまだ二十歳そこそこだというのに、三味線はすでに名人の域に達していたのです。

そして城秀は登官して山住勾当となり、さらなる登官のために再び上洛し、上永《うえなが》検校になります（一六三九年・その後八橋と改名）。

八橋検校は、この時ライバル柳川検校の破手組を聴いたのでしょうか。

江戸に戻った八橋検校は、早速八橋流三味線組歌の創作に着手。同時に筑紫箏の改良にも取りかかりました。

法水に習った筑紫箏はあまりにも宗教的で高尚すぎます。八橋検校はそれを庶民レベルの俗箏に仕立て直して、三味線のように普及させようと考えたのです。

まずは調子を工夫し、賢順の「筑紫詠十曲」を編曲アレンジしました。そして歌人でもある二代目藩主、内藤風虎《ないとうふうこ》に作詞を頼み、曲を付けて「八橋十三組」を完成させました。

今まで三味線と箏の二兎を追っていた八橋検校は、この時点で三味線を止め、八橋流箏曲の創立に向けて動き始めました。

八橋の活動により、当道は箏という新しい楽器を受け入れることになりました。三味線と共存することになった箏は、今度は三味線との合奏という新しい形を模索します。

当時当道には三味線のほかに胡弓《こきゅう》という楽器も存在していました。胡弓は三線より少しあと（一五七九年頃）にキリシタン楽器として輸入された、ポルトガルのラベイカ（レベック）が原型ではないかといわれています。ラベイカは三弦（または四弦）で、馬の尻尾の毛を張った弓で弾く小振りの擦弦楽器です。日本にキリシタン音楽や楽器が輸入されたのは織田信長の時代です。信長はキリスト教に寛大でしたので布教を許し、安土の城下町には南蛮寺やキリシタン学校などが建設されました。

ところが次の覇者、豊臣秀吉は伴天連《ばてれん》（キリスト教宣教師）追放令を出し、布教活動に制限をかけました。徳川家康はさらなる弾圧を加え、キリスト教禁教令（一六一二年）を出して、キリシタンの排除を開始しました。

そのため多くの信者が、かくれキリシタンとなって潜伏したのですが、胡弓はそれと同じく、三味線を装ったかくれラベイカとして改良されたのではないかという説があります。胡弓の物悲しい音色が、辛い時代を彷彿とさせるような気がしませんか。

いつの頃から当道で胡弓が演奏されるようになったかは不詳ですが、キリスト教禁教令が出されたあと当道の音楽家が密かに三味線型に改良して弾き始めたのではないでしょうか。

八橋検校は胡弓の弓を長くし、胴を小型に改良し、膝の上に立てて弾くという奏法を考案したといわれています。

胡弓は上方で盛んに行なわれていましたが、江戸にも名人藤植検校が現れ（一七三六～五〇年頃）、弦を一本増やした四弦の胡弓を普及させました。

地歌

八橋検校から始まった箏は、孫弟子の生田検校によって本格的に三味線との合奏という形に発展します（一七一五年頃）。それまでは三味線・胡弓・箏は当道の音楽として個別に行なわれていたようです。

箏が三味線との合奏を行なうようになると、後発の箏は技《わざ》や調弦方法などに工夫を凝らさざるを得なくなりました。

生田検校は三味線の細かいテクニックに対応するために従来の爪を改良し、現在のような角爪《かくづめ》を創案しました。

箏・三味線・胡弓との合奏は三曲（三曲合奏とも）といわれるようになり、室内楽として当道の中心的音楽になっていきます。

上方長歌を含む当道の三味線音楽を「地歌」といいますが、これは江戸の長唄に対し、上方地元の歌という意味です。

地歌の三味線（三絃とも）も基本的に唄の伴奏楽器ですので、間奏部分は短いものだったのですが、技巧の向上とともに長くなり、必然的に「手事《てごと》」（合方）という、三味線のテクニックを聴かせるための器楽曲的な要素が多くなっていきました。

そして主旋律を弾く三味線の「本手」に対して、他の楽器が副旋律の「替手《かえで》」を奏するようになり、より芸術性の高い音楽になっていくのです。のちに「手事物」という地歌独特の曲が数多く作られ、長唄（後述）などにも大いに影響を与えました。

上方では生田流以外にも多くの流派が生まれ、三曲合奏が大いに隆盛するのです。基本的に箏曲家は三味線も胡弓も演奏します。

人形浄瑠璃『壇浦兜軍記《だんのうらかぶとぐんき》』（一七三二年・竹本座）の、「阿古屋琴責《あこやことぜめ》の段」で五条坂の遊女阿古屋が琴・三味線・胡弓の三曲を弾く場面がありますが、これなどは流行りの三曲合奏の趣向を取り入れたことで大評判となりました。

箏曲は浄瑠璃好みの江戸ではあまり普及しなかったようですが、天才音楽家山田検校の出現により様変りします。

山田は河東節や謡曲などを取り入れた語り物的、浄瑠璃的要素の強い箏曲を編み出し、山田流箏曲を樹立しました（享和年間・一七八九～一八〇四年）。

生田流は三味線が主で箏が従ですが、山田流はその反対で、箏が主で三味線が従になります。そのため山田は華奢な角爪を、厚くて大きい丸爪にし、箏の音量を大きくするために楽器にも改良を加えました。

かくして山田流箏曲は江戸人に受け入れられ、生田流を圧して一大勢力を築くのです。

明治になりますと普化宗《ふけしゅう》が解体され（一八七一年）、虚無僧の吹いていた法器、尺八が民間に解放されましたので、三曲合奏の楽器に尺八が加わりました。

そして次第に胡弓が衰退し、今では箏・三味線・尺八の三曲がポピュラーな形になっています。

その後の三曲発展プロセスはここでは略しますが、現在では生田流・山田流の二派が諸流派を包括した形になっているようです。

一九六八年に公益社団法人日本三曲協会が設立され、二〇一五年度の統計によると、五二〇〇名の会員が登録されています。

第二章

三味線の背景

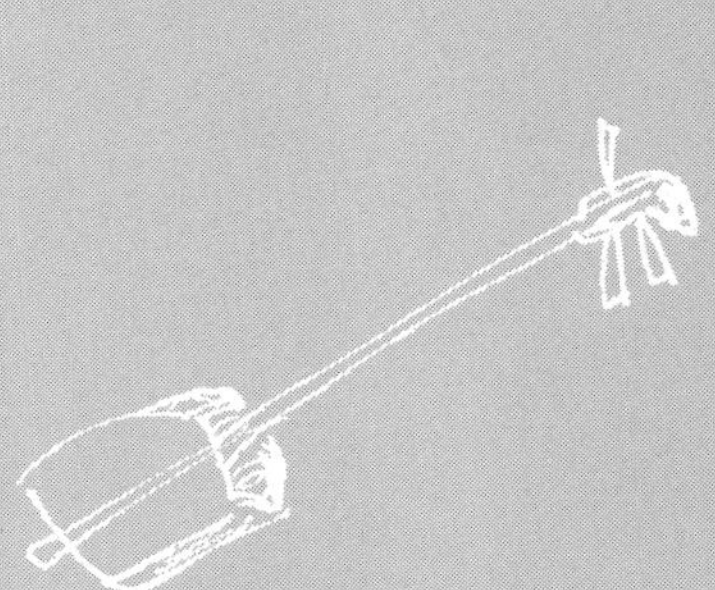

かぶき者・男伊達

関ヶ原の戦いが終り（一六〇〇年）、徳川家康の治世になると、浪人や武士の子、期待されない次男坊や三男坊などの中から、奇妙な行動をする者が現れるようになりました。奇抜な衣裳を着て、一人では抜けないような長い刀を差し、長い煙管《きせる》で流行りの煙草を吸い回す。酒を飲んで町中を闊歩し、盛り場へ繰り出しては喧嘩を売り女をからかう。彼らは徒党を組んで奇行や喧嘩、乱暴狼藉を働いて治安を乱し、戦《いくさ》のない世に不満を爆発させているのです。

そんな彼らは世の中から傾《かぶ》いている、という意味でかぶき者といわれました。かぶき者は東と西に同じ時期に現れましたが、江戸と京とでは気風もファッションも違います。

京のかぶき者は、綸子《りんず》や縮緬《ちりめん》などの柔らかい生地の小袖をぞろりと丈長に着て、袖無しの短い上着を重ね、ビロードや緞子《どんす》のひだ襟を巻き、ロザリオの首飾りなどを着けるという、どちらかといえば女々しくて柔《やわ》な装束です。

一方江戸のかぶき者は闊達《かったつ》な男伊達《おとこだて》です。男伊達と伊達男《だておとこ》は文字の配列が違うだけですが、意味は異なります。男伊達はお洒落で義俠心あふれる男の中の男、伊達男はお洒落な優男《やさおとこ》というニュアンスでしょうか。

男伊達の先駆けは、浪人の大鳥逸平《おおとりいっぺい》です。彼は中間《ちゅうげん》（最下級の武士）や小者《こもの》（下男）など下級の武家奉公人や俠客などを集めて大鳥組を結成し、二十歳そこそこだというのに、三〇〇人もの子分を従えました（一六一〇年頃）。

そのいでたちは糸鬢《いとびん》・鎌髭《かまひげ》の奴風で、高股立《たかももだ》ちの袴《はかま》に腰巻羽織といった無骨なもの。つまり、鬢だけを細く残してあとは剃り上げた頭、口ひげは鎌のようにピンとはね上げ、脇を広く開けた袴をはき、羽織の裾を腰にからげたいでたちということになります。

彼らのいでたちが奴風だからか、それとも奴出身の連中が多いからなのか、この連中は町奴と呼ばれました。

大鳥逸平に感化されたのが旗本奴の先駆けとなる、水野成貞《なりさだ》です。

水野は御家人や武家の奉公人の中から無頼漢を集め、棕櫚《しゅろ》組を結成しました。水野のいでたちも大鳥逸平を真似たようなもので、今ではどうみても野暮としか思えない格好ですが、当時はそれが若者の最先端のファッションだったのでしょう。
また徒党を組まない一匹狼の関東小六《ころく》も男伊達を売りました。馬方の彼は刀の代わりに長い竹の杖を持ちました。それが好いたらしいと皆が欲しがったようで、小六節にも歌われています。

〽小六ついたる竹の杖　もとは尺八　中は笛　末は女郎衆の筆の軸

水野の息子、十郎左衛門も大小神祇組《だいしょうじんぎぐみ》（白柄組《しらつかぐみ》とも）の親分です。町奴の棟梁、幡随院長兵衛《ばんずいいんちょうべえ》と対立しています。長兵衛は浅草花川戸で口入れ屋（斡旋業）を営む、俠客《きょうかく》の元祖といわれている男です。

長兵衛はある日、木挽町《こびきちょう》（銀座歌舞伎座辺り）の山村座で、たまたま来合わせた神祇組と喧嘩になりました。

●この頃野郎歌舞伎が始まったばかりです。

後日水野から仲直りの手打ちに呼ばれた長兵衛は、図らずも水野邸の風呂場で殺され、川に捨てられてしまいました（一六五七年）。

お裁きの結果、水野は無礼討ちということで何のおとがめもありませんでした。町奴と旗本奴では、所詮身分が違うのです。

三浦小次郎義也《よしや》という旗本奴は美男子でお洒落で、金も力もある吉屋組（白柄組とも）の親分です。そのいでたちはというと、豪華な小袖に白革の袴をはき、鮫皮を巻いた白柄の大小を差し、深編笠に、紫竹の杖を持つ。

仲間を引き連れて歩くその姿に、道行く人々は立ち止まって見とれたといいます。しかも衣裳は日替わりで、時には白馬に乗って現れるというのですから、まさにキンキラキンの男伊達です。

旗本奴と町奴の間での喧嘩は絶えず、幕府は今まで何度も彼ら六方者（無法者）の取り締まりや弾圧を繰り返しましたが、一向に埒《らち》があきません。

業を煮やした幕府は、先手組鉄砲組頭《さきてぐみてつぽうくみがしら》の、中山勘解由《かげゆ》を火付盗賊改方《ひつけとうぞくあらためかた》に選任しました。泣く子も黙る鬼の勘解由は博徒狩りに燃え、問答無用の大検挙を決行。ついに旗本奴・町奴二百余人が逮捕され、首領十一人が斬罪されました。

八〇年以上もあばれまわった六方者は、これにて一巻の終りとなりました（一六八六年）。

●彼ら六方者の装束は今なお歌舞伎で健在です。

かぶき踊り

歌舞伎というのは、出雲の阿国《おくに》と称する旅芸人一座が始めた、かぶき踊りがルーツといわれています。

阿国は八歳の時、春日大社の若宮で、ややこ踊りを踊って以来、ややこ踊りや念仏踊りを専らに諸国を回りました。

家康の将軍宣下の慶事に沸く京（一六〇三年）に、三年ぶりに戻った阿国は御所に推参し、ややこ踊りを披露しました。ところが見物衆の反応がさえません。どうやら関ヶ原の合戦を挟んで、時代も指向も変わったようです。

阿国は新しい芸のヒントを得るために、都一番の盛り場五条河原や、新設なったばかりの遊里、六条柳町に出向きました。

豊臣秀吉が二条柳町に造った遊里は、徳川家康の二条城造営を機に六条三筋町に移されました。入り口に二条柳町時代のシンボルだった柳を植えましたので、六条柳町ともいわれます。

柳町の遊里は囲い込みもなく、町売りが許されましたので、遊女は自由に外に出ることができました。夜になると見世先に火が灯り、魅惑的な不夜城となります。

女をひやかし歩くかぶき者。媚びを売る遊女。その嬌態にピンときた阿国はすぐさまこの様子を「かぶき者の茶屋通い」という寸劇に仕立てました。

そして翌月「かぶき踊り」と称して北野の祭礼に掛けたのです。阿国が男装のかぶき者に扮して遊女の許《もと》に通うという、当意即妙の寸劇は受けに受け、阿国かぶきの噂は一夜にして洛中を駆け巡りました。

そして阿国の人気にあやかろうと、たちまちにして五条河原にかぶき踊りの一座があふれました。

何処も彼処もかぶき踊り、かぶき踊りと、かぶき踊りを謳ううちに、いつしか一連の踊りまでもが、かぶき踊りといわれるようになり、ついにそれを演じる芝居自体が「かぶき」といわれるようになったのです。

●本書では野郎歌舞伎までは、「かぶき」と記します。

このかぶきが、かぶき者の風俗と同様に、男伊達の江戸では「荒事《あらごと》」に、柔な京では「和事《わごと》」に結実し、東西歌舞伎の性格を形成していくのです。

遊女かぶき

六条柳町の遊女屋の主人林又一郎は、阿国のかぶき踊りを観て、遊女にかぶき踊りをやらせることを思いつきました。

阿国一座の楽器は能の四拍子《しびょうし》（太鼓・大鼓・小鼓・笛）のみで、三味線は使っていません。

当時三味線は流行り始めたばかりの最先端の楽器でしたから、まだまだ高価な物でした。それに阿国は出雲大社の巫女で売っていますので、俗世間の三味線を使う気はなかったのでしょう。

又一郎は三味線入り遊女かぶきを売り出すために、座頭を呼んで稽古をつけさせました。そして五条河原に又一大かぶきを打ったのです。

舞台中央に舶来の虎の皮を敷いた曲彔《きょくろく》（腰掛け）を置き、ナンバーワンの遊女（おしょうと称す）が腰掛け、ピカピカの三味線をかき鳴らす。

おしょうの周りを、かぶき者に扮した男装の遊女が取り囲み、輪になって踊る。皆揃いの小袖に刀を差し、頭には鉢巻をきりりと締めます。舞台袖の床几《しょうぎ》（肘掛けのない椅子）には、揃いの衣裳で連れ三味線を弾く遊女たちが並び、傍に囃子方の男衆が並びます。

輪になって踊るというのは、室町時代に流行った風流踊《ふりゅうおど》りが原型です。祭礼の折などには、町のあちこちでいくつもの集団が群舞し、皆造り物や衣裳に趣向をこらしました。日本人はよほど風流踊りが好きだったのでしょう、今でも各地で風流踊りが再現されていますし、メジャー、マイナーを問わず、若いアイドルグループが、揃いの衣裳を着て元気に踊っています。盆踊りなどもその一連です。

さて、客は遊女かぶきで気に入りの遊女を品定めし、夜になると柳町の遊女屋へ上がります。遊女かぶきは〝踊る張り見世〟となったのですから、これが当たらないわけはありません。

たちまちにして雨後の竹の子の如く遊女かぶきの一座が現れ、佐渡島正吉一座や、出来島隼人一座など、男名前で売る女かぶきも出現しました。

中でも名を馳せたのが美貌の遊女、幾島丹後守《いくしまたんごのかみ》一座です。なぜだか遊女能まで現れ、浮舟太夫が人気を独占しました。

太夫とは本来このように能の演者を指す言葉だったのです。それが次第に芸能に優れた遊女を指すようになり、ついには最高位の遊女を指す言葉になったのです。

また色子宿（色を売る少年の置屋）の主人は、男児のかぶき踊りや美少年の若衆かぶきを出しました。若衆かぶきは遊女かぶきと同じく、色子の張り店です。

男色は古代から世界中で見られます。わが国では平安時代には僧侶が稚児を、室町時代には公家が美少年を、そして鎌倉時代以降は武家が小姓を、江戸時代になると町人が少年を愛玩するようになりました。

男色は、もともと上流社会のたしなみだったのですが、時代とともに下々の社会へ下りて行くのです。

女かぶきや遊女かぶきは、やがて熊本や名古屋、江戸、仙台など大都市にも進出するようになり、各地の遊女に三味線が伝播していきます。

かぶき踊りの元祖阿国は、遊女かぶきにお株を奪われてしまい、すごすごと都を離れ、再び畿内・尾張・肥後へと旅立ちました。

その頃幾島丹後守一座も江戸に下り、中橋南地に小屋を掛けました。

第三章

遊里と三味線

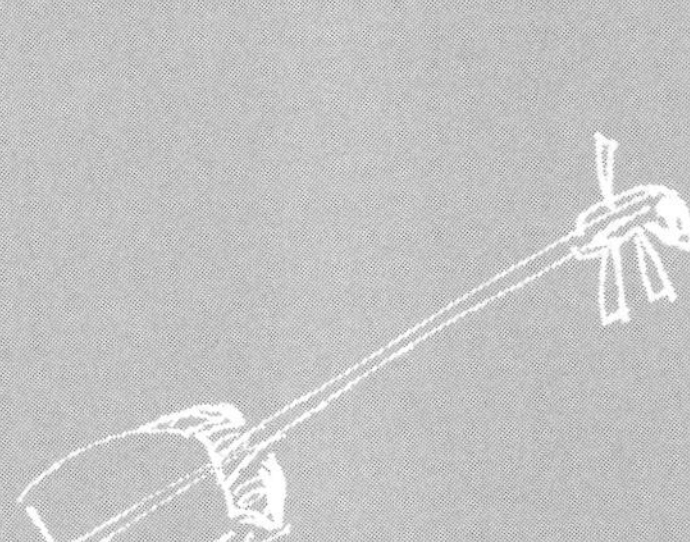

遊女町

中橋南地は、日本橋室町元誓願寺前にある遊女町に近く、京から下った遊女かぶきを始め、色々な見世物小屋で賑わう江戸一番の繁華街です。江戸の遊女屋も始めは京や大坂と同じく、各所に点在していたのですが、江戸城拡張のため元誓願寺前に強制移転となったのです。

元北条氏の家臣で京橋柳町に遊女屋を営んでいた庄司甚内《しょうじじんない》は、いち早く幕府に傾城町の許可を申請しました。しかし何年経っても許可が下りず、彼は移転を機に見切り発車で、ここに寄り合い所帯の遊女町を造ったのです（一六〇五年）。通りには京町・江戸町・伏見町・堺町・大坂町など各遊女屋の出身地の町名を付けました。

そして宣伝のために舞台を作り、遊女かぶきや女浄瑠璃・女能などを興行しました。これが大当たりして、遊女町は大盛況となりましたが、大名や旗本の中から、遊女を身請けする不埒者《ふらちもの》が出たのです。幕府は綱紀粛正とばかり、おしょう三十余人、おしょう以下百余人を江戸所払いにし、西国へ流しました（一六一三年）。

遊女たちは西国の落ち着き先で三味線を弾いたでしょうから、鄙《ひな》の色町にも三味線が浸透していくのです。

葭原（元吉原）

庄司甚内に傾城町の許可が下りたのは、申請から実に十三年後のことです（一六一七年）。

幕府は葦《あし》や葭《よし》などの生い茂る湿地帯の原っぱ、日本橋葺屋町《ふきやちょう》（人形町）に二町四方（約一万四六〇〇坪）の土地を与えました。ここを開墾して傾城町を造れというのです。

この時、総名主に任命された庄司甚内は甚右衛門《じんえもん》と改め、ここを葭原《よしわら》と名付けました。幕府は葭原に五つの条件を課し、その代わり廓内の行政権・警察権・営業権の独占を許可しました。

廓は幅三間（約五メートル）の総掘で囲み、出入り口は大門《おおもん》一ヶ所だけです。

大門から真っすぐに続く道を仲《なか》の町《ちょう》と称し、手前から江戸町一丁目・二丁目・京町一丁目の、三町からなる町割りです。甚右衛門は門を入ってすぐ右に見世を構えました。

江戸町一丁目は元誓願寺前の遊女町から、二丁目は鎌倉河岸から、京町は麴町から移住した遊女屋の町です。

後に京橋角町《すみちよう》からの移住組に角町を、大坂や奈良などからの移住組に京町二丁目を増やしますので、葭原は五丁町となります。

周りを囲い込んだのは、よそからの侵入者や町奴などの悪党、不審者などの詮議をしやすくするためで、これは幕府が出した条件「廓以外での売色禁止・不審者の申告・客の長逗留禁止」などに対応したものです。

遊廓が囲い込みになり、遊女の町売りが禁止となると、それまで自邸に遊女を呼んで遊んでいた大名や豪商までが、自ら遊廓に出向かざるをえなくなりました。しかしいきなり遊女屋へ上がるのも憚《はばか》られます。そこで甚右衛門らは大坂の傾城町を倣って揚屋《あげや》を造ったのです。

大坂の傾城町も丁度この頃、新地から少し北の新町（船場辺り）に移されたばかりです。ここは町中で、問屋などが密集する商売の中心地にあたります。

大坂の遊女は町売り御免ですので、客は商談や来客の折には遊女を自邸に呼んでいました。しかしこれも何かとめんどうということで、問屋連中が料理も出せる貸し座敷の新設を楼主に依頼したのです。これが揚屋の始まりです。

大坂の揚屋は商談の成功という目的のためでしょうか、間取りや室礼《しつらい》や調度は豪華絢爛《けんらん》を極め、その規模は三都一を誇ったといわれます。

全盛期（一七五〇年頃）には間口十五間（約二七メートル）以上もある二階構えの揚屋が、四十数軒も立ち並んだといいます。

また、揚屋に呼べるのは最高位の太夫と天神（二番手の遊女・江戸では格子）だけにして、客の差別化を図りました。天神以下の遊女と遊ぶ客は茶屋（客を案内する店）から直接遊女屋に出向きます。


葭原では、太夫・格子と遊ぶ客はまず茶屋に上がり、細見などを見て遊女を選びます。茶屋の女将は、ここで客が御法度の者ではないか、懐具合はどうかなどの品定めをしたのちに揚屋に案内します。

揚屋は遊女屋に差紙《さしがみ》（派遣依頼書）を届けます。指名を受けた遊女は二人の禿《かむろ》（遊女見習いの子供）を従え、遣《や》り手（古参の世話役）や男衆《おとこしゅ》などを引き連れて揚屋に向かいます。これが太夫道中《どうちゅう》（太夫消滅後は花魁《おいらん》道中に）といわれるもので、遊女最大のイベントともいえるお練りです。

太夫はその衣裳や髪形を見物人に見せびらかしながら、ゆっくりと仲の町を練り歩き揚屋入りをします。客はその間、取り巻きと酒などを飲みながら延々と待つのです。何とも悠長な話ですが、これはまだ始まったばかりの葭原システムです。

時代とともに、廓の仕組みも遊女の階級もどんどん複雑に変化していきます。

弄斎節・投節

六条柳町の遊里を描いたといわれる彦根屏風（寛永年間・一六二四〜四四年作）には、かぶき者や座敷で遊ぶ女、三味線を教える座頭の姿などが見えます。座頭は盲官の一つですが、盲人一般を差す言葉でもあります。

屏風の座頭は白の袴をはいていますから身分は勾当《こうとう》でしょう。勾当以下は人に稽古をすることが禁止されていましたから。

この頃柳町の遊里では、プレイ坊主の弄斎《ろうさい》が歌い始めた小歌、弄斎節が流行りました。始めはは扇拍子で歌っていたのですが、遊女雲井がこれに三味線の伴奏を付けて歌い始めたのです。

〽山の端に　住めば浮世に　思いのますに　月と入ろやれ　山の端に

雲井の弄斎節は廓中に流行し、京遊女の江戸下りで葭原にも大流行しました。そして江戸風にアレンジされた弄斎節は「江戸弄斎」といわれ、今度は京に逆輸入されて洛中に大流行するのです。

八橋検校の俗箏「雲井弄斎」や、佐山検校の長歌にも歌詞は違いますが、同名の曲がありますから、よほど流行っていたのでしょう。

●その頃江戸葭原では「継節《つぎぶし》」という小歌が流行っていました。

六条柳町はのちに七条新屋敷（通称島原）に移転されます。島原の遊女河内《かわち》は、江戸弄斎をさらにアレンジしたという「投節《なげぶし》」を歌い始め、河内の美声を聴くためにだけ島原に通う客がいたといいます。

一六八八年頃の大坂新町の細見（案内書）『みおつくし』に、揚屋での遊興に三人の座頭が三味線を弾いている図があります。囃子方も二人いて、彼らの周りを二〇人もの遊女が取り囲んで踊っています。

遊女に三味線が浸透するまでは、恐らくこのように座頭が宴席に出向いていたのでしょう。当時はまだ幇間《ほうかん》（太鼓持ち）や芸者などはいませんから、三味線座頭派遣業みたいなものがあったのかもしれません。

新町の遊女まがきは自作の歌詞に節をつけた「籬節《まがきぶし》」を歌い始め、これも一世を風靡しました。

このような遊里独特の小歌を「ぬめり」（ぬめり歌とも）といいます。遊里を浮かれ歩くという意味です。

「継節」「投節」「籬節」は三都の名物といわれました。三味線の弾ける遊女はご指名が多くかかりますので、彼女たちは熱心に稽古に励んだのです。

島原遊廓

京では遊女の町売りが盛んで、遊女が客の許に向かう道中が大層派手なものとなってきました。

ある日、やんごとなきお方の行列に遭遇した京都所司代板倉重宗は、道を空けて控えていました。何とやってきたのは遊女の一行です。

これに激怒した板倉は遊廓を都の最西端、七条朱雀野《すざくの》の鴻臚館《こうろかん》跡地に強制移転させてしまいました。しかも今後町売り、夜間営業一切禁止というのですから、よほど頭にきたのでしょう（一六四〇年）。

面積は一万三千余坪。周囲を堀と土塀が囲み、出入り口は東側の大門《おおもん》一ヶ所だけです。大門を入ると正面に道筋《どうすじ》という道がまっすぐに伸びます。左右に三筋の道が通り、上之町《かみのちょう》・中之町《なかのちょう》・下之町《しものちょう》・中堂寺町《ちゅうどうじちょう》・西洞院町《にしのとういんちょう》・揚屋町《あげやまち》の六町からなる、江戸の葭原と同じような町割りです。

ここは正式には七条新屋敷というのですが、土塀に囲まれた外観や都の最西端ということが、数年前に天草で起きた島原の乱の原城をイメージさせたのでしょうか、いつの頃からか島原遊廓という通り名が定着しました。

踊子

野郎歌舞伎が始まった頃（一六五三年）現れたのが踊子です。京の舞妓も同じ頃現れました。東西で国柄は変わっても、人間の考えることに大差はありません。舞妓も踊子も小姓姿の男装でした。

その昔、女かぶきが禁止された時（一六二九年）、彼女たちは摘発を逃れるために若衆かぶきの踊子に変身して、若衆に紛れて踊っていました。それが若衆かぶきの禁止（一六五二年）ではじき出され、正体が露呈したという感じでしょうか。

芝居町に居場所をなくした踊子は、両国橘町辺りに移りました。その後も踊子が小姓姿を通したのは客層が依然として大名や旗本だからです。

この時代、諸大名や旗本などは皆大勢の小姓や踊子を自前で抱えていました。将軍がお抱え能楽師を置くような感覚でしょう。これは上層階級に対するあこがれの具現化ともいえます。

彼らはお抱え踊子を持つことに優越感を抱いていたようで、大きな宴のある時は、その上さらに多くの踊子を雇い上げました。

十二、三歳くらいの踊子は、踊りのほかに酒の給仕をしますが、十四、五歳くらいになると売笑もします。

また踊子は大名の嫁入り道具ともいわれ、大名息女の輿入れに際して、お供の女中たちが大勢の踊子を伴いました。婚礼後の座興や若い殿さまたちの慰みに、これに勝るものはないからです。

徳川家継の生母月光院も、踊子から側室になった玉の輿ですから、踊子の親たちは良縁を夢見て、出費をいとわず師匠を選んだのです。そして娘が晴の座敷に出る時は付き添ったといいます。

こうして江戸中が踊子ばかりになった時代がありました。

しかし武士どもの目に余るご乱行に、お上は前髪の若衆（小姓）の抱え置きを禁止し、踊子や歌舞伎役者が武家屋敷へ出入りすることも禁止しました。

「ならば船じゃ」、というわけで、今度は踊子や若衆を乗せた踊り船が盛んになるのです。隅田川での船遊びは豪商や裕福な町人たちにとっても楽しみなものでしたから、その規模もどんどん大きくなり、乗せる踊子や小姓の数、室礼《しつらい》などで豪華絢爛さを競い合いました。

エスカレートする一方の船遊山に、お上はまたまた禁令を出します。規定外の屋形船の製造を禁止し、町方の屋形船を一〇〇艘に限定したのです。

さらに若衆や歌舞伎役者、踊子などの町中徘徊を禁止し、芝居の座元以外が色子を抱えるのも禁止しました。

これによってさすがに男色ブームは少し下火になりましたが、今度は日本橋の堀江町や芳町辺りに、役者とは無関係の陰間《かげま》（若衆）茶屋がちゃっかり出現するのです。

ちょうどその頃（一六九四年頃）、土佐小掾《しょうじょう》の語る土佐節が大流行しました。

土佐少掾は薩摩浄雲門下なのですが、師匠とは正反対の軟派系浄瑠璃を語りました。その上品で繊細な語り口が、女心をがっちりとつかみ、御殿女中や奥方・御息女・町娘・下女・端女《はしため》にいたるまで、土佐節浄瑠璃を家毎に語ったといいます。

武家屋敷や踊り船への出入りはまたぞろ復活しますが、踊子は出先を町方にまで広げていきます。

元禄の貨幣改鋳によるインフレと、度重なる火災により武士階級が疲弊し、逆にそれで大儲けをして分限者《ぶげんしゃ》（金持ち）になる町人が増えてきたからです。

踊子に売笑はつきものですが、それも目に余るものがあったのでしょう。ついに踊子の抱え置きや商売自体が禁止されてしまいます。踊子に芸を教える女師匠も一蓮托生です（一七〇六年）。

この禁令で踊子は男装を止めて振袖の娘姿に戻りました。踊子は大名・旗本を相手に発生した職業ですから男装でいったわけで、ターゲットが町の好色な金持ちに変われば、かわいい娘姿が喜ばれるに決まっています。

面白いことにそうなると、今度は若衆が女髪を結い、振袖を着て娘とみまごう格好をするようになったのです。彼らはなかなかしたたかなのです。

湯女風呂

湯屋の発祥は古く、参籠における寺院の斎戒沐浴《さいかいもくよく》から始まりました。鎌倉時代になると、金を取って入浴させる形式の銭湯《せんとう》が発生します。

日本人は風呂好きで、江戸初期には町ごとに銭湯があったといいます。銭湯に垢掻き女を置いたものが湯女《ゆな》風呂です。

始めの頃の湯女は単に垢を掻き、髪をすいたりするだけだったのですが、次第にサービスが遊女化し、湯女遊女という称が生まれました。

女かぶきや女浄瑠璃などが禁止された頃に、湯女風呂が流行り始めたのですが、それは彼女たちが湯女に商売替えをしたからともいわれています（一六二九年頃）。

湯女風呂は、朝から夕方までは風呂屋営業です。夕方になると部屋の室礼を変え、衣裳を着替えて夜の部の営業となります。酒や料理を出し、三味線を弾いて小歌を歌い、昔取った杵柄でかぶき踊りなどもやります。

湯女風呂屋は麴町・神田・湯島・下谷などの武家屋敷町に多くありました。なぜなら武士には門限があり（夕方六時）、外泊も禁じられていたからです。

この頃の移動手段は歩きか馬で、辻駕籠などという便利な乗り物はまだありません。行き帰りに時間がかかるような所では遊べないのです。

それにこの頃の武士は経済的に苦しく、葭原に行ってめんどうな手順を踏んで、金のかかる遊女遊びをするような余裕はありません。

湯女風呂なら五〇〇文（約六〇〇〇〇円）くらいから遊べます。武士にとって安近短の湯女風呂は何よりありがたいのです。

特に神田雉子町《きじちょう》にある松平丹後守《たんごのかみ》の屋敷前には、何十人もの湯女を抱える大店が軒を並べていました。

この辺りの湯女風呂は、丹後守邸の前ということで丹前《たんぜん》風呂といわれます。また、お洒落をして丹前風呂に通う町奴や旗本奴などの伊達な風俗を、特に丹前風といいました。

湯女は表向き垢掻き女ですが、湯女遊女という言葉が示すように、その実は紛れもない私娼です。

この湯女風呂が江戸京坂のみならず諸国に大流行したのですから、当然公娼たる廓の遊女との対立も激しくなります。

京の島原遊廓移転と一蓮托生で葭原の夜間営業が禁止（一六四〇年）された時、商機到来とばかり今度は町中に湯女風呂があふれました。

これでは遊女を葭原遊廓に囲い込んだ意味がありません。葭原はさびれ、仲の町に草が生え、軒に蔦が下がったといいます。

暇を持て余した葭原の遊女が、湯女風呂にバイトに行ったという嘘のような話もあります。

葭原の名主、庄司甚右衛門は幕府に直訴しました。その結果、湯女禁止令が出されたのですが、これもモグラたたきのようなもので、一向に効果はありません（一六四八年）。

勝山

勝山は神田紀伊国屋《きのくにや》風呂に勤める湯女のスパースターです。

天性の美人で、竹を割ったような気っ風の良さ、おまけに三味線や小歌が巧いときている。桔梗風呂の吉野に習ったという丹前小歌（丹前節）は絶品です。

勝山は美意識が高く、自身で考案したという、髷《まげ》を大きく輪に結った武家風の勝山髷を結い、外出時には丹前を伊達に着こなし、腰巻羽織に木製の刀を二本差し、玉縁の編み笠を被るという男ぶりです。そのいでたちを見ようと見物衆が群がったといいます。

つまり男装の麗人なのですが、当時は踊子の小姓姿なども町にあふれており、女の男装というのがお上への目くらましも兼ねて流行っていたのでしょう。

旗本奴や町奴の丹前風も勝山の装束を真似たものといわれています。

勝山を取り合っての客同士の喧嘩は絶えず、ある日ついに旗本奴・御家人・町奴入り乱れての大乱闘が起きました。

この一件で、原因となった紀伊国屋風呂と山手風呂はお取り潰し。さらに湯女風呂の夜間営業が禁止され、夕方六時に終業というお裁《さば》きとなりました（一六五二年）。

しかも一軒の湯屋に湯女は三人までという厳しい条件付きです。しかし三人といっても江戸市中に二〇〇軒以上もある湯女風呂です。一軒一軒監視して回るわけにもいきません。いたちごっこが続きます。

勝山は二ヶ月ほど親元で過ごしたあと、葭原の山本芳順《ほうじゅん》の見世に遊女奉公に出ました。勝山の評判は江戸中に響き渡っており、葭原でも飛び級でいきなり太夫です。

そして独特の勝山髷は、たちまち遊女の間に流行りました。勝山髷はその後江戸の町娘や武家の女房にまで流行し、勝山髷のバリエーションの丸髷は、ついには既婚女性の普通の髪形になってしまいます。

また丹前振りで売った勝山は太夫道中の足の運びも奴風でいきました。ダイナミックに外に振り出す外八文字《そとはちもんじ》です。これだと足を踏み出すたびに緋色の蹴出《けだ》し（裾除け）が見えていかにも婀娜《あだ》です。

それまでは島原と同じく、しとやかな内《うち》八文字でした。勝山の外八文字はまたたくまに葭原を席巻し、内八文字が消滅するのです。

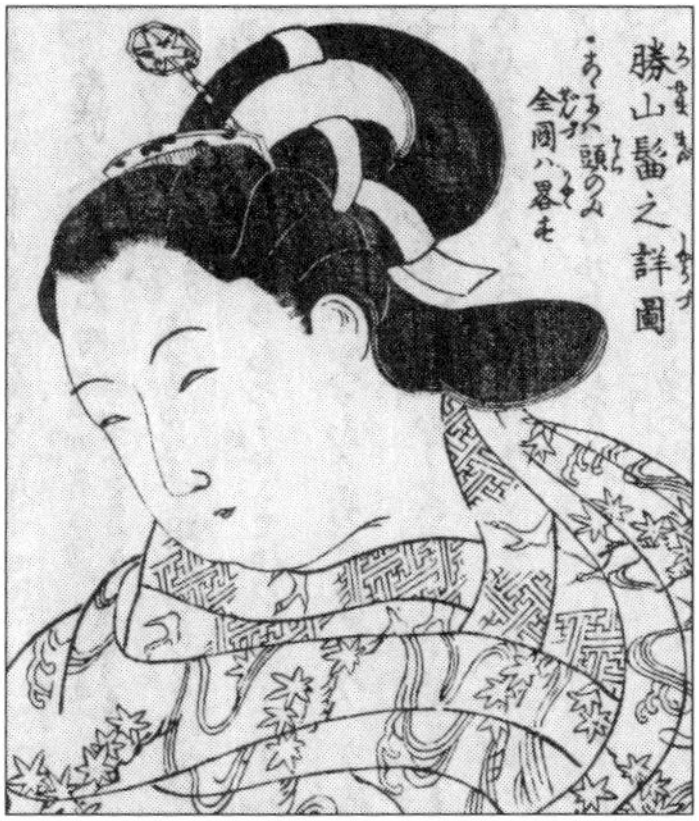

勝山髷『歴世女装考』より
（国立国会図書館蔵）

この頃の葭原の遊女気質は内八文字にみられるように、上方風を旨としていましたので鷹揚でしとやか。勝山のような荒っぽいのはよしとされていませんでした。

ところが奴気質を持ち込んだ勝山は遊女の概念を変えたのです。のちに江戸の遊女気質は「張りと意気地」といわれるようになりますが、これは勝山から始まったものです。

勝山たちが葭原に移り、湯女のスターたち

が消えてしまうと、彼女たち目当ての丹前奴どもも、みな神田から葺屋町の葭原に河岸を変えてしまいました。

都市開発が進み今や葺屋町は江戸の中心地です。そこに遊廓があり、侠客や町奴どもがうようよと集まるようでは風紀上よろしくない。

幕府はここを御用地として召し上げ、江戸の外れ浅草日本堤にある千束村の田圃を代替地として与えました。そして年明け早々の普請を命じたのです。

新吉原

翌年(一六五七年)一月のある日のこと、本郷丸山の日蓮宗本妙寺で住職が檀家の娘の振袖をお焚き上げしていました。そこへ折悪しく突風が吹き、火のついた振袖が本堂の屋根に舞い上がりました。

乾燥続きの冬のことです。火はたちまち破風《はふ》に燃え移り、瞬く間に本堂を焼き尽くしました。火の手は湯島・神田から浅草・日本橋にまで広がり、江戸の大半を焼き尽くして、三日目にようやく鎮火したのです。

この江戸始まって以来の大火(振袖火事)のあった年の夏、千束村の新吉原が完成しました。葭を縁起のよい吉に文字変えし、吉原としたのはこの時からです。以来新規の吉原は新吉原といわれ、葺屋町にあった葭原は元吉原といわれるようになりました。

廓の面積は以前の五割増しで、二町×三町の二万一六〇〇坪。廓を囲む総堀も少し広くなり幅五間（約九メートル）、深さは九尺（約三メートル）もあります。堀の水は真っ黒でしたので、俗に鉄漿《おはぐろ》どぶといわれます。

出入り口は元吉原と同じく大門一ヶ所だけで、仲の町を中心にした町割りも同じです。ただ揚屋を一ヶ所に集めましたので揚屋町が増えました。

移転の特典として昼夜営業が許され、昼見世は正午から四時まで、夜見世は六時から一〇時までの営業となりました。

そして江戸市中に二〇〇軒以上もあった湯女風呂の湯女をすべて逮捕し、刑罰として吉原の妓楼に配属しました。刑期は三年ほどです。

彼女たち私娼は入札によって吉原へ送られます。落札するのは妓楼の主人で、落札金は幕府に入ります。当然上玉ほど高値で落札されますが、当人に金は入らず、無給労働となります。

勝山の三味線の師匠吉野や、唄の名手市野、また独自の小歌を唄った柏木などの芸達者な湯女たちもみな吉原に収容されましたので、丹前小歌などが吉原中に流行したといいます。

この頃の遊女は小歌に堪能で、三味線が巧く、才気のあることが美貌より優先されたのです。

歌舞伎がまだ本格的に三味線を取り入れていないこの時代は、吉原が先行して三味線音楽を牽引していました。

彼女たちによって吉原の小歌・三味線は三都一との評判を取るようになり、吉原は江戸の音曲の中心地となるのです。

警動《けいどう》（私娼の手入れ）によって湯女風呂が消え、庄司甚右衛門の不安はとりあえず払拭されましたが、奴らはこんなことで引き下がるような玉ではありません。

風呂屋は水茶屋に商売変えをし、湯女は茶立女《ちやたておんな》（ウェイトレス）に姿を変えました。ですからこの時期水茶屋がにわかに増え、市中に七十余軒もあったといいます。

特に鉄砲洲茶屋町（中央区湊辺り）辺りには水茶屋が集中し、水茶屋の中心地となりました。

湯女風呂屋は表向き看板を変えて、またぞろ営業を再開しますが、お上も黙ってはいません。再びの警動です（一六六五年）。

この時は抱え主七十余人、湯女五百十余人が逮捕されました。他にも踊子や茶立女などの隠売女《かくしばいじょ》が吉原へ送られました。

警動のたびに幕府には落札金が入りますので、お上も懲りずにやるのです。

夥しい数の女を収容する事になった吉原は、新たに伏見町と堺町を新設しました。湯女と一蓮托生で吉原に送られた湯女風呂屋の主人たちはそこに風呂屋風の見世を構え、外から遊女の品定めがしやすいように、すき間の広い大格子をはめました。

そして入り口側《そば》に風呂屋の番台のようなものを造り、ここに妓夫《ぎふ》という客引きの男を座らせました。客は妓夫と直接交渉してそのまま二階へ上がって遊ぶことができるのです。

新たに収容された遊女は散茶《さんちゃ》と呼ばれ、太夫・格子に継ぐ三番目のランクに置かれました。散茶とは挽いて粉にした茶葉のことをいいます。

煎茶などのいいお茶は、お湯を注いだあとに急須を振って茶葉を揺らさないと、なかなかいい色や味が出ませんが、粉茶は振らないでも出る。つまりどんな客も振りません、という洒落です。

散茶は茶屋も通さず遊べるのですから、その分安い。散茶見世のやり方は、吉原ではひんしゅくものだったに違いありませんが、さすが蛇《じゃ》の道は蛇《へび》、客の心を読んでいます。吉原の客は、始めの頃は武士や大名ばかりだったのですが、次第に旗本奴が目立つようになり、次に大金を手にした悪代官、そして元禄を過ぎると（一六八八年～）経済力を持つ町人階級に移っていきます。安くて手頃な散茶は自然の流れなのです。

事実この頃はすでに大名の太夫買いが少なくなっています。彼らは振袖火事で、立ち直れないほどの打撃をこうむりました。財政難に加えて奢侈《しゃし》（贅沢）禁止令も出ました。それに武士は外泊禁止で、門限が六時です。

たとえ昼見世開店と同時に入っても、三時間くらいでそそくさと帰らなくてはいけない。しみじみ遊んでなどいられないのです。

当然旗本なども同じですから足が遠のくのも道理でしょう。いかんせんやはり新吉原は遠い。しかも「馬・駕籠で来る客は拒否するべし」、というお触れまで出されているのですからなおさらです（一六六八年）。

この時代、庶民の辻駕籠はまだ許されていませんので（一七〇一年頃許可）、吉原に行くのは基本歩きです。日本橋から浅草聖天様までがだいたい二時間ほどかかります。

船の場合は猪牙船《ちょきぶね》で大川を遡り、山谷堀の終点で降ります。いずれの場合も、そこから日本堤（土手八丁）に上がり、土手を三〇分ほど歩かなければいけません。
この頃「土手節」なる小歌が吉原で流行りました。

〽かかる山谷の草ふかけれど　君が住処と思えばよしや……

意訳すれば「こんな草深い辺鄙な所だけれど、お前のためなら何のその」という意味になります。客は土手節を歌いながら、土手八丁を歩いたのです。
そしてついに大名・旗本の遊里での遊興が禁止されてしまいます（一六九三年）。

江戸は火事の多いことで有名ですが、吉原もたびたび廓内からの失火で焼け出されています。新吉原に移ってから幕末までの二一〇年間で実に十八回、すべて全焼です。始めの頃は復興までの間、鳥越・山谷・今戸辺りの百姓家を借りて仮宅《かりたく》営業をしていましたが、江戸末期頃になりますと岡場所（非公認の遊里）の深川が主な仮宅地に指定されました。
仮宅の期間は一年から二年です。仮宅はあくまで臨時営業ですから揚げ代も安く、雰囲気も変わるため、大繁盛したといいます。もし廓内に一軒でも焼け残りがあると、仮宅は許されなかったので無理にでも全焼させたのだとか。

一七七三年に隅田川下流に中洲新地（現、中央区日本橋中洲）ができると、ここが仮宅地に選ばれました。中洲には四季庵をはじめとする料理茶屋が十八軒もあり、一〇〇軒もの茶屋が立ち並びます。

ただでさえ殷賑《いんしん》を極める中洲です。一七八七年の火災で吉原が引っ越して来た時の賑わいは、後々までも江戸の人々の語り草になっています。

江戸時代最後の吉原火災は一八六六年十一月です。この時は維新のどさくさに紛れて、四年間も深川の仮宅で営業をしたといいます。

明治に入りますと「芸娼妓解放令」が出され（一八七二年）、借金で縛られた吉原の遊女たち五〇〇〇人は自由の身となりました。人身売買が禁止され、妓楼も営業停止になったのです。

しかし、行くあてのない遊女たちは建前上芸者と名を変え、貸し座敷と名を変えた妓楼で、以前と変わらぬ商売をしたのです。

明治四四年（一九一一年）、吉原は楼内より出火した火で灰燼《かいじん》に帰してしまいました。火は半日も燃え続け、浅草一帯を焼き尽くしたのです。この火災は「吉原炎上」という映画にもなっています。

その後すぐに復興しましたが、関東大震災（一九二三年）と、東京大空襲（一九四五年）で三たび全焼。規模を縮小しながらも復興を果たしてきました。

しかし、焼き出されるたびに遊女の衣裳も妓楼の造りも、行事も文化も何もかもが簡素化され、安普請の薄っぺらいものになっていきました。

一九四六年ＧＨＱによって「公娼廃止令」が出されると、「赤線」が登場します。赤線とは売春行為を半ば公認する特殊地域のことで、昔の岡場所のようなものです。その後に出た潜りの売春地帯を青線といいました。

吉原では古き良き時代へのオマージュでしょうか、戦後一〇年振りとなる花魁道中が行なわれました（一九五〇年）。これが吉原最後の花魁道中となりました。

そして「売春防止法」が実施され、赤線・青線はともに廃止となりました（一九五八年）。これにより吉原遊廓も完全廃止となり、元吉原から三五〇年続いた吉原はその歴史に幕を下ろしたのです。

第四章

芸者と三味線

羽織芸者

芳町の踊子菊弥は美人で歌も三味線も巧く、座持ちもいいので堺町や葺屋町などの陰間茶屋からも、お座敷のかかる超売れっ子でした。ところがそれが徒《あだ》となり、陰間の妬みから芳町を追い出され、豊後節最盛期（一七三六年）の頃深川八幡前に引っ越したのです。深川は不便な場所ではあるのですが、ちょっと世をすねた御仁が好んで住む風流な土地柄です。

富岡八幡宮と永代寺に参詣客を呼び込むために、昔から（一六五五年～）茶屋に茶立女を置くことが許されていましたし、紀伊国屋文左衛門や奈良屋茂左衛門など多くの材木商が居を構えましたので、早くから栄えていたのです。

ところが菊弥が来た頃の深川は、ならず者がはびこり、踊子や茶立女の摘発などで門前の茶屋の多くが潰れ、今やほんの二、三軒という、風前の灯火状態でした。

菊弥は門前仲町で三味線の師匠をしながら煮売《にうり》茶屋（小料理屋）を始めました。ここは大川の水と江戸湾の水が交じり合い、江戸前のおいしい魚貝がたくさん獲れるのです。菊弥の店は牡蠣や蛤、鰻の蒲焼きなどがおいしいと評判になりました。

深川では踊子を抱える置屋を子供屋と称し、抱え主が親で踊子は子供になります。子が親のために働くのは合法ですから、こうして法の目を逃れたのでしょう。花柳界では今だに雇い主をお母さんといい、姉芸者をお姉さんといいます。

深川は岡場所の代表格ですが、この頃隅田川に近くて、船で行けるような場所に大小の岡場所がありました。

その数、数十ヶ所、最盛期には七〇ヶ所以上もあったといいます。当然私娼の数は数千人以上にも及んだでしょう（一七五一～八九年頃）。

江戸は参勤交代の武士や、出稼ぎ、他国本店からの江戸店派遣など、単身赴任の男社会です。この頃推定一〇〇万といわれた人口の約半分が武士で、半分が町人です。その内、女が二割にも満たないのですから、吉原も岡場所も、男のためには必要悪だったのです。

菊弥はここで土地の娘を仕込み、仲町踊子を育てました。菊弥の働きによりさびれていた深川は、岡場所ながら吉原と並ぶ遊里となり、江戸中にあふれる踊子の本場といわれるようになりました。

当時巷には豊後節が流行り、豊後一門の文金風ファッションが一世を風靡していました。特に豊後好みの対丈《ついたけ》の長羽織が流行っていました。昔から羽織は男専用です。

子供屋の主人《あるじ》は十二、三歳以下の抱えの子供に流行りの羽織を着せ、男の髪を結わせ、千代吉・鶴吉などという権兵衛名（男名前）を名乗らせました。そして羽織姿でお座敷に出したのです。

これが深川の羽織芸者のルーツですが、そもそもは抱えの子供を男に偽装するための策だったのです。しかしそれが気っ風のよさを身上とする、深川芸者気質を育てたともいえるのです。

深川は江戸城から見て辰巳《たつみ》の方角に当たりますので、深川芸者のことを辰巳芸者ともいいます。


深川の踊子はお母さんに付き添われ、旦那衆の屋敷や御留守居寄合茶屋（江戸留守居役や商人などを客とする料理茶屋）に出向きました。

諸藩が江戸屋敷に置いた留守居役は、藩にとってはなくてはならない存在ですので、機密費使い放題の遊興が許されていました。

ですから御留守居寄合茶屋を仕事場にする踊子と、客の留守居役は、深い関係で馴染み合っていたのです。

その目に余る遊興振りに、お上は留守居役の酒席での参会を禁止したほどです（一七四二年）。

踊子はいかにも娘娘した振袖を着てお母さんと一緒に座敷に行き、到着するとお母さんが持参した留袖《とめそで》の座敷着に着替えて酒席に侍ります。帰りはまた振袖に着替えて帰るのです。これもお上の目を意識してのことでしょう。

江戸の踊子は娘で売り、深川の踊子はその上をいく、生娘で売ったのです。

ですから三十過ぎの大年増になっても、振袖を着て十八、九歳と年齢詐称して稼ぐ化け物も多くいたようです。

町芸者

この頃、江戸の町は三味線ブームでした。踊りは不人気で、鳶の者や芝居関係者の娘がわずかに習う程度でした。ところが上方の女方瀬川菊之丞が登場して、歌舞伎の踊りが流行り始めますと、様子が変わってきました。

踊れる娘の需要が増えてきたのです。踊れれば諸大名の奥向きに高給で雇われるし、お茶の間子供という、住み込みでお抱えになるチャンスもあるのです。

踊りが結構な商売になることを知った町人たちは、娘の立身出世を願って踊りを習わせるようになりました。

そしてついには武家も町家も踊りを踊らぬ娘はいない、とまでいわれる時代が来るのです（一七四四年頃）。

彼女たちは瀬川菊之丞や中村富十郎を知るまでは、歌舞伎の小舞などを踊っていたのでしょう。菊之丞や富十郎が次々と打ち出す踊りは、彼女たちの格好の演目になっていきました。

この頃踊りの師匠で羽振りのよかったのが、志賀山俊《しがやましゅん》です。俊はわが国初の振付師で、中村座の振り付けを一手に引き受けていいます。俊の許には、さばききれないほど大勢の娘が殺到しました。

踊子が歌舞伎所作（舞踊）の真似ごとをするようになると、踊りの師匠が一座を組んでお座敷に出るようになりました。いわば一種のプロダクションです。

江戸時代の娘というのは十八、九歳までですから、いつの頃からか、娘としては際どい年齢の踊子を芸子というようになりました。

そうしていつの間にか芸子が三味線を弾き、若い踊子が踊るというシステムが出来上がったのです。

しかし芸子も年を取ります。三十を過ぎた大年増は、芝居芸者に倣って芸者といいました。

当時歌舞伎の世界では、芝居のほかにお座敷に出向き、所作で稼ぐ者を芸者といい、芝居一筋の者を役者といって区別していたといいます。

芸者も踊子もお座敷という共通項があり、彼らは昔から縁《ゆかり》が深いのです。

基本的に踊子・芸子・芸者は私娼ですので、今まで何度も手入れがありました。ところが取り締まる側の役人が彼女たちの贔屓だったりして、なぜかうやむやにされてきたのです。

しかし元文の淫売女取締り（一七四〇年）で吉原送りの踊子が出ました。これで彼女たちの意識が変わり、芸で勝負する芸者と、色で売る床《とこ》芸者（山猫）に分かれたといいます。といっても、いずれも二枚看板であることに変わりはありません。

山猫の猫は三味線のことです。三味線には猫の皮を張るからです。また三味線と芸者は運命共同体ですので、猫＝芸者となります。

三味線の皮は始めの頃は犬だったのですが、芸者が現れてきた頃には、猫皮を張るようになっていたのではないかと思います。

ですから芸より色でいく床芸者を、ぽっと出の山出し（田舎者）とさげすんで山猫といったのでしょう。山猫は八幡町や橘町辺りに多く棲息しました。

そうして次第に踊子・芸子という称が消滅し、芸者一本に収斂するのです（一七五一年頃）。

こうなりますと今度は町芸者が流行り出します。何しろこの時代、女性の職業は限られていますから無産階級の娘が収入を得ようとすれば、このような仕事しかないのです。

下町・山の手の区別なく、顔のいい娘がみな芸者になり、大江戸八百八町に芸者があふれたといいます。

芸者という新手の女は武家屋敷などへの出入りも御免ですから、武士や町人たちはちょっとした宴会でも、酌婦として芸者を呼ぶようになりました。宴のあとはもちろん裏稼業です。

ここまで芸者が増殖しては本家の芝居芸者もたまりません。いつの間にか歌舞伎から芸者の称が消え、役者一つになるのです。

中洲芸者

町を歩くと芸者に当たる、そんな時代の到来です。日本橋の名主馬込勘解由《まごめかげゆ》はお上に願い出て、隅田川下流の大川にある中洲を埋め立てて、中洲新地を造りました（一七七三年）。ここは古くから月見の名所として名高く、船遊びで賑わう景勝地です。

中洲は浜町と地続きになりましたので、移り住む人も多く、次第に町の体裁が整い、十八軒もの料理茶屋が立ち並びました。中でも四季庵が最大規模を誇ります。

江戸の料理茶屋の始まりは深川洲崎に創業（一七六四〜七二年）された升屋《ますや》です。そして呉服町の樽三から、中洲新地の四季庵へ続き、その後八百善・平清へと続くのです。

中洲にはちょっとした待合いの体裁を備えた船宿も多く出来、芸者と客の逢い引きの場所になりました。夏には川端に一〇〇軒近くも、出茶屋が店を出したといいます。

狭い場所にこれだけの店が密集している所は、江戸中どこを探してもありません。中洲新地は岡場所ながら、江戸一番の賑わいを見せる色町となりました。

中洲一帯で、一晩のお座敷がどの程度の数になるのか、想像もつきませんが、芸者の数はいくらあっても足りなかったことでしょう。中洲新地は、江戸中にあふれる町芸者の受け入れ先になりましたが、俄仕込みの中洲芸者は当然ながら、芸よりも枕優先です。

これほど江戸中が芸者ばかりになると、三味線屋がフル稼働しても追いつかなかったのではないでしょうか。猫皮も不足したに違いありません。

浮世絵で乳首あとが六つや八つもある三味線を見つけましたが、何の皮を張ったのでしょう。ドブネズミの乳首は一〇個もあるそうですから、案外それかもしれません。

猫の乳首は八つですが、半分に切って使いますので四つになります。猫皮を四つ乳《ぢ》というのは、乳首あとの数からきたものです。

ちなみに犬は背中の皮を使いますので乳首あとはありませんが、ロウを四ヶ所垂らして一見《いっけん》、猫皮らしく見せています。

中洲新地は殷賑を極めたのですが、松平定信の寛政の改革で取り壊しとなり、つわものどもが夢の跡、掘り返されて元の浅瀬に戻りました（一七八九年）。

吉原芸者

吉原の客が武士から町人に変わってからは、揚屋も太夫も消滅し（宝暦年間・一七五一年～六四年)、代わりに引き手茶屋が全盛となりました。仲の町の両側に一〇〇軒以上が軒を連ねたといいます。

太夫の代わりとなる花魁《おいらん》という称が生まれたのもこの頃からです。当然太夫道中という言葉は消え、花魁道中になりました。

引き手茶屋では遊興もできるようになったのですから、吉原のお座敷は夥《おびただ》しい数になったことでしょう。始めのうちは茶屋の女房や娘が宴席に出向いたり、芸の得意な太鼓新造が宴席で三味線を弾いたりしていたようですが、とても間に合いません。

扇屋の太鼓新造かせんが、花扇という源氏名で芸者を始めたのが、吉原芸者の第一号といわれています(一七六〇年頃)。芸者そのものの発生は当然深川が先です。

新造というのは禿《かむろ》を経由して十三、四歳になった者をいいます。姉女郎に仕えながら遊女見習いを続けるのですが、御職《おしょく》(高級遊女)になれなかった新造や、年季明けの番頭新造などにとっては肩身の狭い立場です。

花扇が芸者になったことで、将来に望み薄の新造たちが次々と芸者に鞍替え、内芸者になっていきました。

そこで角町の遊廓の主人、大黒屋庄六は芸者斡旋業なるものを思いついたのです。従来芸者の鑑札は町奉行所の支配下にいる名主(役人)が発行・管理しています。庄六は名主に掛け合い、名題札の発行と芸者の管理をする権利を手に入れ、吉原見番《けんばん》（検番とも）を開設しました（一七七九年）。

芸者たちは庄六から鑑札を貰い、見番に金を払って仕事の采配をしてもらうというシステムです。当初は一〇〇人に限っていたようで、その中に男芸者（幇間）も二〇人ほどいました。

見番システムは便利ですので次第に岡場所などにも広まり、芸者のプロダクションとしてなくてはならないものになっていきます。

吉原の廓芸者は遊女同様、幕府公認ですからプライドも高い。彼女たちは遊女の職域を犯してはいけないので、必ず二人一組で勤め、お互いに牽制して転ばないというのがいつの間にか暗黙のルールとなりました。

また吉原芸者は芸者のトップに君臨しますので、町芸者は吉原芸者の特権である裾模様の着物は着られませんし、髪に笄《こうがい》を挿すことも初めのうちは許されませんでした。ですから岡場所の芸者などは唐桟縞《とうざんじま》や無地の着物を着ていたのです。また毎月朔日《さくび》（一日）には吉原の会所に挨拶に出向いたといいます。

三味線も吉原芸者は分解できない延棹《のべざお》を使い、岡場所の芸者は二折《ふたつおれ》や三折しか許されませんでした。三味線を入れる黒塗りの箱も、吉原芸者の物は一メートルもあり、箱屋が運んだのです。

柳橋・新橋芸者

一八四二年、幕府は何度目かとなる「岡場所禁止令」を出し、今まで見過ごされていた深川ほか二七の全岡場所を取り潰しました。

廃業を余儀なくされた深川芸者は近くの柳橋に河岸を変えました。柳橋は昔から吉原や深川への舟運《しゅううん》の要《かなめ》で、船遊びの舟を出す船宿などもたくさんありました。しかし柳橋芸者としての歴史は浅く、当時はほんの十四、五人ほどしかいませんでした。

それが深川の辰巳芸者が流れ込んで来たことで一気に一〇〇人を越えたのです。また辰巳芸者の気っ風が、日本橋界隈の旦那衆に気に入られて柳橋は大いに栄えました。

明治に入りますと「芸娼妓解放令」が出されました（一八七二年）。

この時、芸者の二枚看板は禁止され、芸妓と娼妓にきっちり分業されました。芸者は府や県に鑑札料を払えば誰でも営業が許されるようになりましたので、全国のほとんどの場所に新しい花街が誕生したのです。

一時江戸中に芸者があふれた時代がありましたが、今度は全国規模です。鄙びた町にも見番があって、それぞれに一〇〇人近い芸者登録があったのでしょうから、その数は大変なものになります。

同じ頃、新橋・横浜間に鉄道が開通し、俄に新橋花街が脚光を浴びることになりました。

明治新政府の高官となった伊藤博文など、薩長土肥の元勲たちは新興の新橋を贔屓にしました。なぜなら江戸の粋といわれ、ちゃきちゃきの江戸っ子芸者のいる柳橋では、彼らは新参の田舎者扱いですこぶる居心地が悪いのです。

当時の政治家は待合政治といって、料亭で芸者に酌をさせながら国を動かしていました。彼らが新橋を贔屓にしましたので一時は柳新二橋《りゅうしんにきょう》といわれ、互いに栄えた時期もありました。

当然芸者と深い仲になる政治家も多く、この時代多くの元勲や芸術家が芸者を妻にしています。

昭和初期、柳橋には三六六人もの芸者がいたといいますが、その後赤坂・神楽坂など新興の花街の台頭により衰退。一九九九年、最後の料亭いな垣が廃業し、江戸後期から続いた柳橋花街はついに終りを告げました。

一方新橋は政財界人を相手にする関係から、芸の向上を目指し、一流の師匠を招いて稽古を推奨しました。

その結果、芸の新橋といわれるほどの評判を取り、その成果を発表する場所として新橋演舞場が建設されたのです（一九二五年）。

そして京の都をどりに倣って、東《あずま》をどりを開催。昭和中期（一九五七年頃）には日本一の社交場として不動の地位を獲得し、四〇〇名を超える芸者を誇りました。

第二次世界大戦前後の好景気には、東京のほとんどの区に花街があったといわれていますが、現在は新橋・赤坂・芳町・神楽坂・浅草・向島が、東京六花街といわれ健在です。

しかし、全国規模で大料亭が廃業し、芸者の数が激減している今日では立ち行かない花街が多く、京都や東京、金沢など繁昌している一部地域を除き、絶滅の危機にあります。

第五章

歌舞伎と三味線

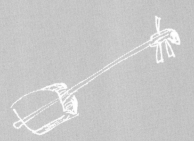

若衆かぶき

猿若座（後、中村座）の座頭《ざがしら》猿若勘三郎は、大蔵流の狂言師でしたが、青雲の志を抱いて江戸に下りました。そして奉行所の認可を得て、中橋南地に若衆かぶき猿若座の櫓を揚げました（一六二四年）。

ここは庄司甚右衛門による葭原開基以来、江戸に戻って来た女かぶきの一座や、杉山七郎左衛門、薩摩浄雲などの人形浄瑠璃、それに女浄瑠璃などの小屋が立ち並ぶ、江戸一番の繁華街です。

女かぶきしか知らなかった江戸の客は、猿若狂言や小舞、総踊りなど盛りだくさんの若衆かぶきに驚き、猿若座は大評判となりました。

勘三郎と一緒に江戸に下ったワキ狂言師（主役に対する脇役の意）の杵屋勘五郎は、息子六左衛門と孫喜三郎を伴いました。

この時六歳だった喜三郎は、目と鼻の先にある操り小屋から聞こえる三味線の音に興味をひかれました。

猿若座はその後、葭原近くの禰宜町《ねぎまち》（日本橋堀留町）に移転させられるのですが（一六三二年）、その頃十四、五歳になった喜三郎は器用に三味線を弾くようになっていました。元々狂言師だった勘三郎は、若衆かぶきに三味線など使うつもりはなかったのですが、試しに喜三郎に狂言小歌の伴奏をやらせてみたところ、大当たりです。

そこで勘三郎は、喜三郎を狂言方から三味線弾きに転向させ、三味線入り若衆かぶきを売り出すことにしたのです（一六三三年）。

これ以後、歌舞伎と三味線が一蓮托生で生きていくことになるのです。

一方、幕府のお目こぼしで復活した女かぶきや女浄瑠璃などは、またぞろ風紀の乱れを招き、幕府は今度こそ本気でこれらをことごとく禁止しました（一六二九年）。

彼女たちの中から摘発を逃れるために、若衆かぶきの踊子に変身する者が現れました。そしていでたちも小姓姿の若衆風を装い、芝居町に紛れたのです。

猿若座

猿若座の杵屋喜三郎は山村座が江戸に下った頃（一六四二年）、祖父の名を継いで二世勘五郎となりました。猿若座は今や役者にも三味線を弾かせ、遊女かぶきのような連れ三味線で売っています。

●杵屋宗家では勘五郎・六左衛門・喜三郎の名前を、同じ人物が出世魚の如く襲名していきます。その結果、何代目の当主かということが分かりにくくなってしまいますので、六左衛門と喜三郎の名は、「世」で数えずに「代」で数えるのが杵屋宗家の慣例となりました。ですから、この項の勘五郎の名は二世ですが、代で数えれば三代目ということになります。

天人・菩薩かと見まがう薄化粧の美少年が、前髪をふくらませ、目にも綾なる小袖を着て登場し、勘五郎率いる美少年の連れ三味線に合わせて、天女の如き妙音で小歌を歌う。若衆の色気と伽羅《きやら》の香りに客は酔いしれ、「吉蔵さま、吉蔵さまぁ　命だってくれてやらぅ」と半狂乱です。

猿若座はまた桟敷席という二階席を創案しました。この頃の芝居小屋は竹矢来にむしろを張り巡らせただけの簡素な造りで、舞台にしか屋根はありません。まだ土間に屋根を付けることは許されていませんでしたので、客は地面に直接座って観るのです。

新設の桟敷席は上客用なのでしょうか、屋根はありますが当然雨天中止です。

現在も桟敷席に屋根風の物が付いている劇場がありますが、それはこの時代の名残です。

芝居小屋全体に屋根が許されるのは一七二四年頃からです。そして土間が板敷になり升席が出現します。

若衆道

この頃は武士の男色が主従関係の他に、同輩・兄弟分にまで広がりました。

武士道と男色、つまり若衆道《わかしゅどう》（略して衆道）は矛盾するものではなく、いずれも同じ武士としての道なのです。

衆道における念者《ねんじゃ》（男色関係で兄にあたる者）との関係には摩訶不思議なルールがあります。互いに他の男（女は不問）との浮気は許されず、互いの忠誠心は死ぬまで続きます。

両者の性的関係は若い方の男が成人すると一応終了し、成人した若者が若衆を求めるのは自由です。

遊女かぶきがそうだったように、若衆かぶきも当初から売色とは相即不離《そうそくふり》の関係にあります。かぶきの世界では、まだ舞台に出られない十二、三歳までの見習い少年を陰間《かげま》といいます。舞台に出られるようになっても売色をする役者を色子といい、地方巡業で色を売る役者は飛子《とびこ》と洒落ます。

役者ではない男娼も現れますが、陰間・色子という名称は踏襲されました。

若衆かぶきの役者は、舞台の外では小姓の姿をしていました。それは客である武士を意識してのことで、当時の武士はみな若い美形の小姓を傍に置いたのです。

少し前の時代では小姓も男色も上流社会特有のもので、禄の少ない普通の武士にとってはただの憧れの存在でしかありませんでした。それが時代とともに手の届くところまで下りてきたのです。

ですから五、六〇〇石以上の武士で二、三人、一〇〇〇石以上になると六、七人も小姓を持つ者がいたといいます。

彼らは小姓を着飾らせて連れ歩き、あるいは駕籠や馬の脇に自慢げに従わせたのです。

芝居小屋の周りには陰間茶屋や色子宿が乱立しており、少年たちはみな小姓姿で色を売りました。陰間にも遊女と同じくピンキリがあったのでしょうが、太夫子といわれるピンの陰間と遊ぶには結構な金がかかり、庶民の手の届くようなものではなかったようです。

若衆かぶきは大名・旗本の間に空前の男色ブームを巻き起こしたばかりではなく、一般町民をも巻き込んで流行しました。

あまりにもはびこる男色に、風紀の乱れを懸念した幕府は、猿若座を少し離れた堺町《さかいちょう》（日本橋人形町）に強制移転させました。そして若衆の前髪を剃り落とさせ、大名や旗本の衆道を禁止したのです。

町中にあふれる陰間茶屋や色子宿も営業禁止となり、若衆かぶきまでが一蓮托生で禁止されました（一六五二年・上方も）。

この禁令により、男色に馴染んでいた大名や旗本、町奴などが女色《じょしょく》に転じたといいます。そして今度は湯女風呂の湯女を取り合っての喧嘩が始まるのです。

野郎歌舞伎

若衆かぶきの禁止から一年後、幕府は野郎頭（月代《さかやき》を剃った男子の普通の髪形）でドラマ性のある狂言を条件にかぶき興行を許可しました（一六五三年）。

野郎歌舞伎の始まりです。

●猿若勘三郎が狂言師だったからでしょうか、歌舞伎では演目のことを狂言といいます。

前髪のない野郎頭でいかに女方の役をするか、市村座は前髪かつらを考えました。軽業が売りの山村座では、人形浄瑠璃の『曾我十番切り』を人間の役者で演じることを思いつきます。

中村座では三味線を前面に出してと、各座揃っての出直しとなりました。

今様長歌三味線

二世杵屋勘五郎には長男四代目六左衛門、次男五代目喜三郎、三男吉之丞《きちのじょう》がいます。勘五郎は、息子たちにも三味線を教えました。そして芝居向けに、それまでは一人で弾き唄いだったものを、唄と三味線に分業しました。

これを「今様長歌三味線」と称し、春狂言「四季総踊」に大々的な看板を掲げたのです（一六六三年）。

長唄八兵衛・三絃杵屋勘五郎・六左衛門。そのうしろに鼓・太鼓・笛などの地方《じかた》連中の名が賑々しく並びます。立役《たちやく》（男役）は多門庄左衛門で、女方は玉川千之丞です。

庄左衛門は上方から江戸に下った役者で、巷を闊歩する丹前風の奴や勝山をヒントに、丹前六方（六方者の歩き方）や丹前振りで奴狂言に新境地を開いた役者です。

この時代は専門の戯作者などいませんから、役者が自ら狂言を書いていました。勘五郎は小歌の得意な多門庄左衛門に加賀節の歌詞を書かせ、曲を付けました。
唄・三味線・囃子の数十名が狭い舞台に並び、役者が遊女かぶきよろしく踊る。
「四季総踊」は大当たりで、二ヶ月のロングランヒットとなりました。加賀節は踊子たちや町娘、吉原の遊女などにも流行し、巷に加賀節があふれたといいます。

翌年には中村宗三（盲人）が一節切《ひとよぎり》（尺八の前身）・箏・三味線の三巻からなる、わが国初の教則本『糸竹初心集《しちくしょしんしゅう》』を出しています。

こうなりますと、ますます女たちの間に長歌が流行り、踊子までもが踊りをやめて三味線に鞍替えをするようになったのです。

今も昔も踊りの稽古はお金がかかるようで、親としては安上がりの三味線のほうがありがたい、というのが本音かもしれません。

その頃の猿若座の狂言「猿若」を描いたと思われる絵「猿若狂言之古図」によると、舞台は能舞台形式です。

正面奥の薄縁《うすべり》（布の縁を付けたござ）に三味線弾きが二人座っています。

これが杵屋勘五郎と六左衛門親子でしょう。そのうしろに鼓一人と、長唄八兵衛他二人が胡座《あぐら》で座っています。

見台がないところを見ると暗唱していたのでしょうか。扇で顔を隠しているのは、唄うときだけ顔をみせるという作法だったのでしょう。

「猿若」は座元の中村勘三郎が編み出した狂言で、猿若座が最も大切にしている寿狂言です。

主人（大名）に内緒で伊勢参りをした下人が、主人の怒りをはぐらかそうと、木遣り音頭や鹿踊りなどの芸を見せるというもの。

猿若座が三味線を歌舞伎に取り入れて大成功をしてからは、他の芝居小屋も追随するようになりました。三味線を入れれば受ける、というだけではなく続き狂言（一続きの物語を複数の場面に分けて上演すること）になれば、つなぎとしてどうしても三味線の音が必要になってくるからです。

勘五郎は縁故関係のある森田座に頼まれて出演したり、市村座に三男吉之丞を貸したりしました。そうこうするうちに次第に門弟が増え、杵屋の名前を望んで付ける者も現れました。こうして杵屋一族が江戸の歌舞伎界を席巻するようになるのです。

猿若狂言之古図『江戸名所図会』より
（国立国会図書館蔵）

ただし、この時代の長歌は、まだ現在いうところの長唄ではありません。

上方では歌舞伎で使う長歌を「芝居歌」といい、初期の頃は役者が演目に即した歌詞を書き、検校が作曲していました。

長歌と長唄の違いは何かといえば、前者は「長歌」の項に記したように検校によって創られた室内音楽で地歌に進化します。長唄はそれが江戸の歌舞伎仕様に進化し、劇場音楽になったものです。

金平節

薩摩浄雲が江戸で取った弟子に、江

戸和泉太夫《いずみだゆう》がいます。和泉太夫は金平物《きんぴらもの》という、頼光四天王の一人、坂田金時の子金平（架空の人物）の武勇伝を題材にした、奇想天外な金平芝居を得意としました。

和泉太夫は人形を使いながら浄瑠璃を語り、熱が入ると持っている棒で人形の頭を叩いたり、ぶっ飛ばしたりする。その破天荒で豪快なパフォーマンスが受けに受け、本来は和泉節というべきを、特に金平節と呼ばれ評判を取りました。

和泉太夫は大名の江戸屋敷からもお声がかかります。相三味線の泉権左衛門は、古近江《こおうみ》の三味線「山彦」を愛用しています。

この三味線は後に河東節の村上源四郎の手に渡り、彼は山彦源四郎と改名するのです。和泉太夫はのちに受領して桜井《さくらい》丹波少掾《たんばのしょうじょう》と名乗ります（一六六二年）。その後、息子長太夫に二代目和泉太夫を譲り、親子共演で世間を沸かせますが、初代が没すると人気は凋落し、金平節は衰滅してしまいます。

初代市川団十郎

初代市川団十郎は子供の頃から金平芝居が大好きで、遊びといえば金平を真似た金平ごっこでした。

団十郎の父堀越重蔵は菰《こも》の重蔵《じゅうぞう》といわれた渡世人です。千葉の市川村から江戸に出て、旧知の仲の唐犬十右衛門（俠客）を頼りました。重蔵に子ができた時、十右衛門は我がことのように喜び、海老蔵という名前を付けたのだといいます。

長じて役者になった団十郎は、堺町の猿若座で初舞台を踏みました。役柄は『四天王《してんのう》稚立《おさなだち》』の坂田金時です（一六七三年）。

全身を朱に塗り、顔には紅と黒の隈取り、大太刀《おおだち》を佩《は》いて斧をかついで登場。大江山の場で胸のすくような豪快な立ち回りを見せました。

この破天荒な役柄は、もちろん金平芝居を観て育った団十郎ならではで、気性の荒い奴どもや俠客に大いに受けました。

団十郎が初舞台で演じた坂田金時が、江戸歌舞伎の特徴となる荒事芝居の始まりとなるのです。

この時の地《じ》（伴奏）が何だったのか記録がないのですが、案外桜井丹波少掾が金平節を出語ったのかもしれません。

一方、京では坂田藤十郎が『夕霧名残《ゆうぎりなごり》の正月』の藤屋伊左衛門《ふじやいざえもん》役で大当たりを取りました（一六七八年・都万太夫座）。

豪商の息子が放蕩の末勘当され、みすぼらしい紙衣《かみこ》姿（紙で作った粗末な着物）で廓の辺りをさまようという内容の狂言で、藤十郎の伊左衛門が上方和事の始まりになります。

曾我狂言

かつて若衆かぶきが禁止され、野郎歌舞伎の方向性を模索していた頃、山村座は人形浄瑠璃の『曾我十番切り』を人間の役者で演じて大当たりを取りました（一六五五年）。それ以後各座が毎年曾我狂言を演じるようになりました。

曾我狂言とは鎌倉時代の曾我十郎・五郎兄弟の仇討ち譚のことです。二人は苦節十八年を忍び、見事父の仇を討ち本懐をとげたのですが、兄十郎はその場で殺され、五郎は捕えられ翌日頼朝によって斬首されてしまいます。正当な仇討ちであったにもかかわらず、非業の死をとげた兄弟の霊は、凄まじい怨霊となって、相模はもとより東国一円に祟りを成すところとなりました。

わが国では古来、怨霊や疫病などの禍は、憤死した者の霊が暴れるからで、その霊を祀り慰めれば霊は鎮まると考えられてきました。

これが御霊《ごりょう》信仰で、御霊と五郎とは音が似ていることから、歌舞伎の世界では五郎は現人神《あらひとがみ》として崇められるようになるのです。

曾我狂言は上方にも伝播しました。そして上方では夏に演じて兄弟を偲ぶという盆曾我に、江戸では初春の吉例狂言として定着していきました（一七一六年頃から）。

曾我狂言は毎年のことですから、曾我物のバリエーションは限りなく広がっていきました。

次第に曾我狂言は歌舞伎にとって特別な演目となり、いつの頃からか楽屋には芝居の神様として曾我現人神が祀られるようになりました。

そして兄弟の仇討ちの日、五月二八日には楽屋内で芝居関係者だけで曾我祭が行なわれていました。

ところが『男伊達初買曾我《おとこだてはつがいそが》』（中村座・一七五三年）のロングランヒットで様子が変わります。

中村座ではこれを祝って、曾我祭を舞台で演ったのです。仕切り場（ロビー）に神輿《みこし》を飾り、幕間《まくあい》には神楽を奏し、大切りに役者総出演の踊りを付けたのです。さらにその後神輿を担いで町内を練り歩いたといいます。

以来この曾我祭のやり方が三座の習慣となり、一八三〇年頃まで続いたようです。現在は歌舞伎の楽屋で曾我現人神は見かけません。代わりに楽屋稲荷が鎮座していま
す。

さて、多門庄左衛門は『寿《ことぶき》曾我対面《そがのたいめん》』（一六七六年・中村座）で、曾我兄弟と親の仇、工藤祐経を引き合わせる人物として、小林朝比奈《あさひな》（朝比奈三郎）を創り出しました。朝比奈のモデルは和田義盛の三男、朝比奈三郎義秀です。鎌倉時代の和田合戦で、由比ケ浜から姿をくらまし、消息を絶ったといわれる大力無双の人物です。

庄左衛門は小林朝比奈を、道化役の丹前奴に仕立てました。これは五郎役で出ている初代市川団十郎のファン、町奴や侠客への受けを狙ったものです。

朝比奈役の中村勘太郎には丹前奴の衣裳を着せ、糸鬢《いとびん》・鎌髭《かまひげ》・猿隈《さるぐま》を取り、モサ言葉（奴言葉）を使わせました。

兄十郎を演じるのは、丹前踊りで名物男の異名を取る中村七三郎《しちさぶろう》です。七三郎がモデルにしたのは旗本奴、三浦小次郎義也です。

荒事の五郎に対して、十郎を和事風にしたのは七三郎の発案といわれています。

長歌大坂の歌舞伎へ

当道は晴眼者や官位を持たない盲人が、平曲を職業として演じることや教えることを禁止していました。教えることが出来るのも勾当《こうとう》以上の者で、座頭以下は弟子も取れません。

ですから始めの頃は三味線にもそれなりに制約をかけていたらしく、遊里や人形浄瑠璃の小屋には、当道の法師が出張って三味線を弾いたり教えたりしていたのです。

しかしここまで三味線が枝葉を広げてしまっては、さすがの当道もお手上げです。大坂の歌舞伎で三味線の使用が認められたのは一六七二年頃ですので、おそらくその頃、当道は人形浄瑠璃や歌舞伎舞踊の伴奏、遊里での俗謡などに使う三味線の制約を解いたのではないでしょうか。三味線は民間に解放されたのです。

大坂の大和屋甚兵衛座に江戸の長唄連が初めて出演した時（一六八三年）、甚兵衛は脇狂言に三味線が入っていることに驚きました。上方の脇狂言は歌がなく、鉦や太鼓などの伴奏による無言劇でしたから。

歌舞伎は猿若勘三郎が能の狂言師だったこともあり、若衆かぶきの時代から先行芸能である能が手本です。

ですから一日の興行の始まりは、場内を清め、天下泰平・五穀豊穣、そして芝居繁昌を祈願して「式三番叟《しきさんばそう》」を踊るのです。「式三番叟」のあとに演じられるのが、祝言的な内容の脇狂言です。

江戸歌舞伎の脇狂言で伝存しているのは森田座の「甲子待《きのえねまち》」と、市村座の「七福神」です。「甲子待」は作曲年代、作曲者ともに不詳。「七福神」は二世杵屋勘五郎の弟子、杵屋宇右衛門（?〜一七五一年）の作曲です。

甚兵衛は早速、甥水木辰之助のために「難波津壺論《なにわづつぼろん》」を作詞し、「槍踊り」を振り付けました。作曲は不詳ですが、リズミカルな三味線の「槍踊り」は大当たりです。

その後辰之助は市村座の顔見世に呼ばれ、「槍踊り」を披露しています。江戸でも「槍踊り」は大当たりで、「煤掃《すすは》きや　諸人がまねる　槍踊」と宝井其角《たからいきかく》が詠んでいます。

こうして役者自身が演目内容に即した歌詞（長歌）を書き、晴眼者の三味線弾きが演奏することが可能になってくると、上方では祇園町井筒屋の主人岸野次郎三郎や、山本喜市などの作曲の名人が現れます。

次郎三郎は三味線に魅せられて、ついには家業を人に任せて京早雲座のタテ三味線になったほどです（一七〇五年）。

江戸でも上方でも芝居で長歌が流行ってきますと、遊女の間にも長歌が流行りました。そして三味線のうまい遊女が遊里独特のぬめり歌を創作するようになるのです。『長歌古今集』（一六八二年）には吉原で流行った長歌二二曲が収録され、続いて『吉原流行小歌惣まくり』（一六八三年）が発行されました。

吉原や歌舞伎で流行った小歌や長歌は、一般庶民にも影響を与え、町娘の間で三味線がブームになってくるのです。そして彼女たちのために『糸竹初心集』（一六六四年）に次ぐ三味線の入門書、『大怒佐《おおぬさ》』（大幣とも・一六八五年）が発行されました。これには三味線の調子の合わせ方や、初歩の曲などがきめ細かく掲載されています。

第六章

人形浄瑠璃

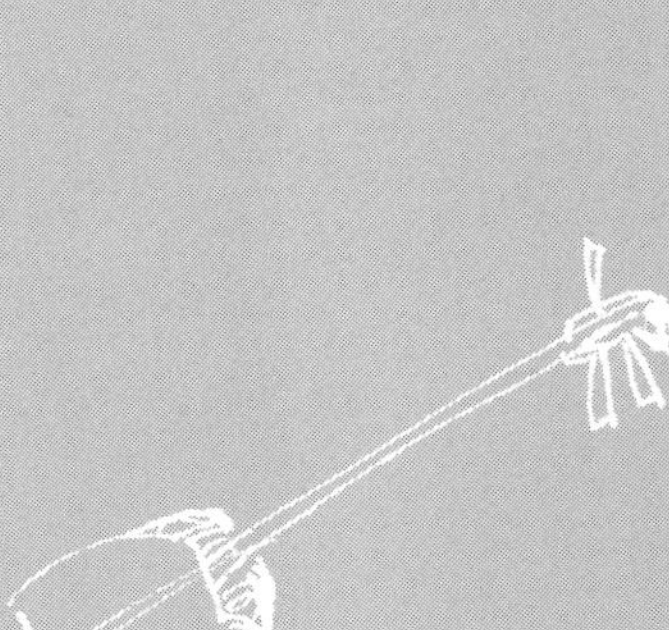

義太夫節

人形浄瑠璃「文楽《ぶんらく》」の音楽として知られる義太夫節《ぎだゆうぶし》は、竹本義太夫が編み出した浄瑠璃です。

義太夫は大坂天王寺の農家に生まれました。子供の時、井上播磨掾《はりまのじょう》の浄瑠璃を聴いて身震いし、親に浄瑠璃の稽古をせがんだといいます。播磨掾は豪快な語り口で、金平物を得意とした太夫です。

幸い近所に播磨掾の弟子で料理屋を営む、清水理兵衛《きよみずりへえ》がいましたので、義太夫は理兵衛に入門しました。

義太夫が二十五歳の時、播磨掾が京を離れ大坂に居を移しました。播磨掾は、孫弟子にあたる義太夫に舞台修行を積ませるため、弟子の宇治加賀掾《うじかがのじょう》に義太夫を預けました。加賀掾は京で宇治座を営みます。

義太夫はここで、戯作の修行中だった若き近松門左衛門と運命的な出会いをし、親交を深めます。

加賀掾の語りは、謡曲をベースにした優美で品のある軟派系浄瑠璃で、義太夫のめざす豪快で人情味のある浄瑠璃とは正反対です。

自分の芸に近づけようとする加賀掾と、それに違和感を感じる義太夫。二人の間に軋轢《あつれき》が生じ始めた頃、宇治座の興行師竹屋庄兵衛が、こともあろうか義太夫を引き抜いて、宇治座のすぐ傍に操り座を開いたのです。

いくら将来性があるとはいえ、まだまだ未熟な義太夫の浄瑠璃です。客が入るわけはありません。

庄兵衛は操り座を畳み、義太夫を連れてどさ回りの旅に出たのです。同行した相三味線は播磨掾の弟子、竹澤権右衛門《たけさわごんえもん》あたりでしょうか。

五年の旅を経て京に戻った庄兵衛は、今度は大坂道頓堀の西寄りに竹本座を開き（一六八四年）、義太夫を座本《ざもと》に据えました。
●慣例として上方は座本、江戸は座元と記します。
旗揚げ公演は近松が加賀掾のために書き、大当たりを取ったばかりの『世継曾我《よつぎそが》』です。義太夫は『世継曾我』を加賀掾より面白く語る自信がありましたので、旗揚げ公演にあえて同じ曲を使ったのです。

義太夫の浄瑠璃は播磨掾の豪快な播磨節に、加賀掾の繊細な加賀節を加えたものをベースに、他の先行浄瑠璃や謡曲、さらにどさ回り中に集めた地方の俗謡や流行り小歌などをアレンジして創り上げた、マルチ型の義太夫節です。

義太夫は曾我五郎・十郎・虎御前・朝比奈を実に見事に語り分け、竹本座の『世継曾我』は大当たりを取りました。

義太夫は自身の浄瑠璃を義太夫節とはいわず、当流といいました。今までにない新しい今風の浄瑠璃、という自負心があったからでしょう。

義太夫はさらに義理人情までも表現するという新境地を開拓し、筑後掾《ちくごのじょう》を受領します（一七〇一年）。

そんな折、大坂曾根崎天神の森で、新地の遊女お初と、醤油屋平野屋の手代《てだい》（使用人）徳兵衛の心中事件が起きました。

近松はこの事件を竹本座のためにほんの数日間で書き上げ、ひと月後に『曾根崎心中』の初日を開けたのです（一七〇三年・竹本座）。

リアルタイムの心中物で、しかも大阪弁の語り口です。当たらないわけがありません。従来の浄瑠璃は、公卿や武家社会などを扱った「時代物」が主流でした。そこに「世話物」（現代劇）仕立ての、心中浄瑠璃です。連日の札止めが続き、空前のヒットを飛ばしたことはいうまでもありません。

義太夫はこれを「世話浄瑠璃」と名付け、『曾根崎心中』一本で今までの負債をあっさりと返済してしまいました。

しかし翌年秋、義太夫は剃髪《ていはつ》（頭を剃る）し、なぜか突然引退を宣言したのです。初代市川団十郎が、下回りの役者に舞台で刺されて死んでしまったことや、坂田藤十郎が病気で寝たきりになったことなどが影響したのかもしれません。

驚いた周りの者はあわてて竹田出雲に相談しました。出雲は道頓堀のからくり人形芝居竹田座の座本です。

その結果、「わしの弟が座本になり、義太夫はんは浄瑠璃だけ語ればよろしいがな」ということになり、義太夫を説得するために、大坂を出て行った豊竹若太夫を呼び寄せることにしました。

若太夫は義太夫の子飼いの弟子ですが、二年前に義太夫の許《もと》を離れました。原因は定かではありませんが、案外義太夫の寵愛が新入りの政太夫（この時十一歳）に移ったことによる、嫉妬心かもしれません。

その後若太夫は堺の操り座で語っていたのですが、『曾根崎心中』大ヒットの噂を聞き、無謀にも竹本座の傍に豊竹座を開き、義太夫に勝負を挑んだのです。

しかしいくら美声の若太夫とはいえ、義太夫と若太夫とでは実力が違い過ぎます。わずか数ヶ月で若太夫は豊竹座を畳み、しおしおとどさ回りの旅に出たのです。

若太夫が戻ったことでやる気を取り戻した義太夫は、新生竹本座をスタートさせました。

しかし若太夫は、自分の座を持つという夢が捨てきれませんでした。三年後には、竹田出雲を相座本に据え、紀海音を専属の戯作者に立てて独立、道頓堀の東寄りに再び豊竹座を開いたのです。

義太夫は政太夫を修行させるため、彼を豊竹座に預けました。豊竹座で数年の修行を積んだ政太夫は、少ない声量をカバーするべく情で語るという新境地を開拓し、義太夫に認められて、初めて竹本座の舞台を踏むことができたのです。

その二年後、義太夫は政太夫を後継者に指名して、病没しました。この時政太夫はまだ二十四歳です。竹本座の前途が危ぶまれます。

竹田出雲

竹田出雲は竹本座の起死回生をかけて、近松門左衛門に『国性爺合戦《こくせんやかっせん》』全五段を書かせました（一七一五年）。

主人公は和でも唐でもない、和藤内《わとうない》という中国と日本の混血児で、父の国明国《みんこく》再興のために中国に渡り敵を倒すという、奇想天外な合戦譚です。

虎の人形、目や口、眉の動く人形が新たに作られ、チンプンカンプンの言葉などが飛び出す、今までにない斬新な演出です。

●義太夫節の三味線が大きくなったのは、この頃からでしょう。恐らくタテ三味線の鶴澤友次郎の改良によるのではないかと思います。それまでは、長唄も浄瑠璃も三味線のサイズは同じくらいでした。

彼は音を大きくするために胴のサイズを大きくし、厚い犬皮を張り、撥先を厚くして皮に叩き付けるような打楽器的奏法を工夫しました。

結果、腹の底に響くような強烈な音が生まれ、政太夫の声量不足を補うことができたのではないでしょうか。大きくなった義太夫節の三味線は太棹《ふとざお》といわれます。

また出雲は、政太夫の声をかばって、従来は紋下《もんした》（筆頭太夫）の太夫がほぼ全段を通して語っていたのを、段ごとに太夫を入れ替え、一番大事な場だけを政太夫に語らせるという方法を取りました。

そして竹本座の結束を固めるために、太夫ごとに違っていた姓を、竹本一つに統一しました。

三味線弾きは、鶴澤友次郎や野澤喜八郎という風に、竹澤権右衛門の「澤」の字を付けた名字を名乗りました。

十一月に開けた『国性爺合戦』は大当たりを取り、ロングランを続けました。

この間に早くも京坂の芝居では歌舞伎版の『国性爺合戦』が競演され、何と三年越し、実に十七ヶ月というロングランヒットとなったのです。

その後『国性爺合戦』は江戸に上陸して、歌舞伎三座が競います。

この頃の歌舞伎界は、坂田藤十郎・市川団十郎・中村七三郎などの元禄歌舞伎の名優たちが次々と世を去り、上方も江戸も歌舞伎の人気に翳《かげ》りが出始めた頃です。客が入る演目ならば人形浄瑠璃移しでも何でも、人気にあやかるしかないのです。

人形浄瑠璃を歌舞伎に移した演目を「丸本物《まるほんもの》」といいますが、『国性爺合戦』がその始まりといわれています。

この大当たりに味をしめた出雲は、豊竹座の太夫にもみな豊竹姓を名乗らせました。そして道頓堀の西にある竹本座の西風《にしふう》と、東にある豊竹座の東風《ひがしふう》を競わせ、人形浄瑠璃の流行を仕掛けたのです。

その後若太夫も政太夫も受領して、大坂の人形浄瑠璃は活況を呈していきます。

政太夫没後、後継者となったのは養子の小政です。小政は師匠生き写しといわれる浄瑠璃を語りますが、まだまだ力量は足りません。

そこで出雲は、並木千柳《なみきせんりゅう》を招聘《しょうへい》しました。千柳は並木宗輔という、豊竹座の立作者でした。その後彼は歌舞伎の戯作者に転じましたが、このたびの要請で千柳と名を変え、古巣の人形浄瑠璃に戻ったのです。

そして千柳・小出雲《こいずも》（出雲の息子）・三好松洛《しょうらく》（近松の弟子）の、三人合作による『夏祭《なつまつり》浪花鑑《なにわかがみ》』全九段を打ちました（一七四五年）。

これは魚売りの団七が舅《しゅうと》を殺す場面に、本物の水と泥を使うという仕掛けで、泥水にまみれての殺人シーンが客の度肝を抜き、大当たりでした。

次のヒットは『菅原伝授手習鑑《すがわらでんじゅてならいかがみ》』全五段（一七四六年）。これも八ヶ月のロングランヒットです。もちろん歌舞伎にも移され大当たりを取りました。

翌年は『義経千本桜《よしつねせんぼんざくら》』全五段。これは人形浄瑠璃がロングラン中に、江戸の中村座が竹本座直伝の丸本物『義経千本桜』を出すという、同時公演で大ヒットを打ちました。

そして『仮名手本忠臣蔵《かなでほんちゅうしんぐら》』全十一段の登場です（一七四八年）。

大星由良之助《おおぼしゆらのすけ》（大石内蔵助《おおいしくらのすけ》）の人形を遣うのは名人吉田文三郎。九段目「山科雪転《やましなゆきこか》しの段」を語るのは紋下、竹本此太夫《このたゆう》です。

この段で有名な騒動が起きるのです。初日から三日経っても、ある場面の人形の動きと浄瑠璃の寸法がうまく合わない。どちらかが合わせてやれば済むことなのに両者相譲らず、ついに此太夫が堪忍袋の緒を切り、弟子四人を連れて竹本座を出て豊竹座に移ったのです。

出雲は豊竹座に掛け合って四人の太夫を回してもらいました。何のことはないトレードですが、この騒動が宣伝となり、連日の札止めが続きました。もちろんこれも歌舞伎に移され、ほどなく江戸にも上陸しました。

こうして大坂の人形浄瑠璃は全盛期を迎えるのですが、それも長くは続かず歌舞伎の隆盛とともに、人気に陰りが出始めます。

越前少掾《えちぜんのしょうじょう》（若太夫）が没した翌年に豊竹座は廃座となり（一七六五年）、二年後、竹本座も廃座となりました。

女義太夫

人形浄瑠璃の丸本物が次々と江戸の歌舞伎に上陸し、義太夫節が流行り始めた頃、女の義太夫語りが現れました。

かつて遊女かぶきの時代には、女浄瑠璃の元祖六字南無右衛門という太夫がいたのですから、女義太夫に違和感はありません。

恐らく竹本義太夫が『曾根崎心中』(一七〇三年)でヒットを飛ばした頃、まずは上方の踊子たちの間から女義太夫が出たのだと思います。

その後『国性爺合戦』が丸本物として江戸の歌舞伎に入ってくると(一七一七年)、江戸の踊子の中から義太夫節をやる者が現れたのです。

今や踊子はみな三味線を弾きますから、流行りの義太夫に飛びついても不思議はありません。

踊子の武家屋敷への出入りが禁止されたのち、踊子が形を変えて始めた新商売の一つが女浄瑠璃なのではないでしょうか。

始めの頃は座敷女浄瑠璃といわれていました。彼女らは諸大名の奥向きや旗本のお屋敷に呼ばれて、弾き語りで素《す》（演奏のみ）の義太夫節を披露していたようです。

義太夫節が江戸中に流行するのは、少しあとの一七三四年頃です。

天明頃（一七八一～八九年）には竹本小伝が座敷浄瑠璃で天下に名を馳せました。小伝は人形町に生まれ、天性の美貌と芸の巧さで女義太夫界に二人とない傑物《けつぶつ》といわれていました。

吉原にも豊竹八十吉という女義太夫の芸者が出たほどです。

こうして踊子のだれもが座敷女浄瑠璃をやるようになると、さすがに供給過剰になってきます。すると今度は三味線弾きと太夫がコンビを組み、振袖に肩衣《かたぎぬ》を着けて小屋掛けの見世や、ヒラキ（よしずで囲った大道の小屋）などに出るようになりました。

若い娘が島田髷《まげ》に差したびらびら簪《かんざし》の房を揺らしながら、顔を歪めて色恋を語る。その姿がたまらないということで、男たちに大変な人気となり、今度は町娘の間に娘義太夫ブームが起こりました。

しかし、娘義太夫はご多分にもれず二枚看板でしたので、風紀上の理由から町娘の出演が禁止されました（一八〇五年）。

この頃美貌と芸の巧さで、超絶的に世間を騒がせたのが竹本小伝の娘、二代目小伝です。小伝は三代目坂東三津五郎の押しかけ女房になったり、五代目瀬川菊之丞と浮名を流したりと、たいそう世間を賑わせました。

江戸に初めて寄席ができたのは一七九八年ですが、その後に現れた竹本染之助も天才的な太夫です。若衆姿に裃《かみしも》を着けて高座に上がりました。

初デビューは十二歳の時（一八一三年）で、染之助が寄席に出た最初の娘義太夫といわれています。染之助の人気は凄《すさ》まじく、彼女の出る寄席はどこも客止めが続いたといいます。

この頃娘義太夫は二〇〇人近くもいたようで、「女浄瑠璃番付」が刷られ、『娘浄瑠璃芸《げい》品定《しなさだめ》』（一八三七年）という評判記も出ています。諸大名屋敷への出入りもまたぞろ復活したようですが、水野忠邦の天保の改革で女義太夫は全面禁止となり、何と投獄される者も現れたといいます（一八四二年）。

明治になると、新政府が寄席取締規則を出し、女芸人が法的に認められました。これにより女義太夫は寄席芸の一つとして返り咲くのです（一八七七年）。

そして名古屋から竹本京枝《きょうし》や、大阪から竹本東玉《とうぎょく》など美形の太夫が東京に進出するようになり、女義太夫の定席小屋が急増しました。女義太夫は再び大流行するのです。

伝説の女義太夫竹本綾之助は十一歳で大阪から東京に進出し（一八八五年）、天性の美貌と美声で翌年にはいきなり真打ちです。空前の人気を獲得した綾之助は、八丁荒《はっちょうあら》し（本人の出る寄席以外を不入りにさせること）の異名を取る寄席芸人中一番の人気者となるのです。

男の浄瑠璃語りはみな○○太夫と名乗りますが、女義太夫の場合は染之助や綾之助という権兵衛名（男名前）を名乗りました。

女義太夫の主なファンは書生たちで、親衛隊のような連《れん》を組んで、熱狂的な応援をしたようです。ピーク時は一〇〇〇人以上もいたという女義太夫ですが、関東大震災（一九二三年）を機に衰退してしまいます。

第二次世界大戦後（一九四五年）、女義太夫は寄席の見世物芸としてではなく、プロの女流義太夫演奏家として復活しました。

現在女流義太夫は文楽を除く、歌舞伎専属の義太夫や、舞踊専門の義太夫演奏家などで構成される、一般社団法人義太夫協会に属し活動をしています。

文楽

大坂の竹本座も豊竹座も廃座となり、人形浄瑠璃が衰退の一途を辿っていた頃、淡路島から植村文楽軒《ぶんらくけん》が大坂に出てきました。彼は素人《しろうと》浄瑠璃の太夫で、まず高津橋南詰《こうづばしみなみづめ》に浄瑠璃稽古場を開きました（一七八九年頃）。

ここで資金を貯めた文楽軒は、高津新地に人形浄瑠璃の小屋を開きました（一八〇五年頃）。

経営も順調で、二代目文楽軒の時に、博労町《ばくろうまち》稲荷神社境内に常小屋を建てました（一八一一年）。

文楽軒の小屋は文楽芝居と呼ばれ、幕末から明治にかけて人形浄瑠璃の中心的存在となります。

今日文楽という言葉は、人形浄瑠璃の代名詞のようになっていますが、それはこの文楽芝居からきたものです。

四代目文楽軒の時に、明治新政府が「芝居其他興行ニ関スル件」という法令を出しました。

この時大阪には九軒の人形浄瑠璃の小屋がありました。この法令により市内の小屋は松島新地に移るか、廃業かの二者択一を強いられました（一八七二年）。

松島新地は西区に新たに造られた（一八六九年）松島遊廓で賑わう場所です。

文楽軒は法令に従い、稲荷神社から松島新地に移り、官許人形浄瑠璃文楽座の看板を上げました。

他の座は廃業となりましたので、文楽座はここでしばらく人気を独占しました。ところが、かつて廃業の憂き目にあった彦六座が、失業中の太夫や三味線弾きを集めて、稲荷神社境内に彦六座を開場したのです（一八八四年）。

文楽軒は負けじとばかり、ただちに松島新地を引き揚げ、彦六座の近くにある御霊神社境内に文楽座を移転しました。

こうして道頓堀の近くにある文楽座と彦六座は、かつての竹本座と豊竹座のように競い合い、大阪の人形浄瑠璃界は第二の黄金時代を迎えるのです。

しかしやがて経営難から彦六座は廃座となり、最後まで頑張った文楽座も、新興の松竹合名会社に経営を譲ることになりました（一九〇九年）。

松竹は四ツ橋文楽座 → 道頓堀文楽座と場所を変えながら興行を続けましたが、赤字が解消されることはなく、ついに文楽座の興行権を手放しました（一九六三年）。そして文楽座は国や自治体などの支援のもと、公益財団法人文楽協会として再出発したのです。

この時道頓堀文楽座は朝日座と改称されましたが、文楽の本拠地として、定期公演は引き続き行なわれました。

その後、植村文楽軒に所縁《ゆかり》のある高津新地の近くに、国立文楽劇場が建てられ、朝日座は役目を終えました（一九八四年）。

現在、公演等のプロデュースや技芸員の育成などは、文楽劇場を運営する独立行政法人、日本芸術文化振興会が行なっています。

人形浄瑠璃文楽は一九五五年に早々と重要無形文化財保持団体に総合認定されていますが、二〇〇三年にはユネスコ無形文化遺産にも登録されました。

文楽の義太夫三味線は太棹を使用します。

第七章

浄瑠璃いろいろ

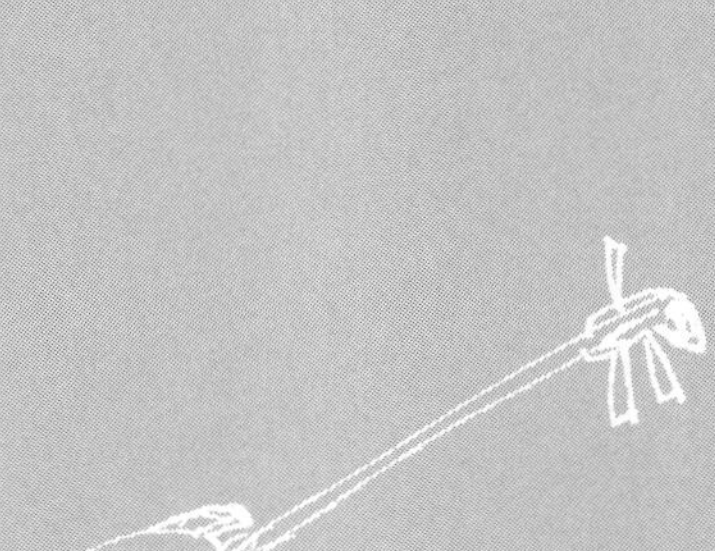

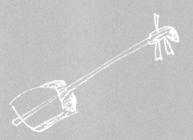

外記節

初代市川団十郎が、曾我五郎を演じて大当たりを取った『寿曾我対面』（一六七六年・中村座）の地は浄瑠璃で、薩摩外記《さつまげき》が出語りました。三味線は二世杵屋勘五郎と四代目杵屋六左衛門親子が勤めています。

外記は薩摩浄雲門下です。薩摩太夫が出家して浄雲と名乗った頃に入門しました（一六六一年頃）。京から下《くだ》ったので下り薩摩ともいわれています。

外記は師の豪快な浄瑠璃の中に、繊細さを加えた外記節を編み出し、堺町に操り芝居の外記座を営みます。

歌舞伎が浄瑠璃太夫を呼んだのはこの時が初めてといわれています。これ以後浄瑠璃と歌舞伎の交流が始まるのです。

この時期長歌はまだまだ発展途上にあり、踊りの地の歌謡的領域を出ません。曾我狂言のような荒事の地には対応できなかったのでしょう。

外記には薩摩文五郎という弟子がいます。並外れた声量を持つ文五郎は大薩摩外記藤原直勝と名乗り、自らの操り座も営む野心家です。

薩摩に「大」を冠したのですから、よほど声量に自信があったのでしょう。外記には孫の三世外記やその弟子左内などもいましたが、外記節は文五郎の台頭とともに勢力を失います。

名手といわれた左内は豊後節の禁止で俄に返り咲きましたが、芝居出演は一七五一年頃までで、その後外記節は自然消滅してしまいます。

のちに外記節の復活を試みた十代目杵屋六左衛門によって「外記節石橋《しやつきよう》」「外記節猿」「外記節傀儡師《かいらいし》」などが作曲され、長唄の中に外記節の面影をとどめます。

一中節

都太夫一中《みやこだゆういっちゅう》は京御池にある明福寺《みようふくじ》の次男です。子供の頃から音曲好きで、分けても都越後掾《えちごのじょう》の浄瑠璃が好きでした。

越後掾は愁いのある越後節を語る太夫でしたが、声をつぶしてからは都万太夫と名を変え、芝居の名代《なだい》（興行師）に転職。このたび四条河原に櫓を上げたのです。

一中は、兄の急死を受けて、この秋寺を継いだばかりですが、万太夫が越後掾だと知ると、いてもたってもいられず、弟に寺を任せ、還俗《げんぞく》して弟子入りしたのです（一六七〇年）。

一中は師の節に山本角太夫《かくたゆう》の角太夫節や、岡本文弥の文弥節などをアレンジした、雅《みやび》で愁いのかかった上品な一中節を編み出し一派を成します。

一中は活動の中心を主にお座敷に置き、座敷浄瑠璃の新作を次々と発表するようになります。

五十歳を機に斬髪した一中は、黒の十徳《じっとく》（羽織様の法衣）に白練《しらね》りの袴、小刀を差してまるで学者のようないでたちで語ります。その風貌も相まって一中は座敷浄瑠璃で一世を風靡するのです。

ある時、今まで芝居には決して出なかった一中が、いかなる心境の変化か、大坂片岡仁左衛門座に出演し、『京助六心中』の道行を語りました（一七〇六年）。

座敷浄瑠璃で名を馳せた一中を一目見ようと、客が殺到したといいます。ワキを語ったのは愛弟子の国太夫半中《くにたゆうはんちゅう》（後、宮古路豊後掾《みやこじぶんごのじょう》・後述）です。

その後一中は『椀久 末松山《わんきゆうすえのまつやま》』（一七〇八年）でも芝居出演をし、「椀久道行」を語り評判を取りました。

椀久とは大坂御堂筋の豪商椀屋の坊《ぼん》、久右衛門《きゅうえもん》という実在した人物です。彼は新町の遊女松山に溺れ、父の遺産を湯水の如く注ぎ込んだあげく、京五条坂屋敷の座敷牢に閉じ込められてしまいます。

松山に逢えない寂しさから発狂した椀久は、竹の杖をつき洛中をさまようちに、水にはまって死んでしまいます。

のちに椀久定番の衣装となる、炮烙頭巾《ほうろくずきん》と黒の十徳を着せてやったのは一中です。一中は椀久と旧知の仲だったのです。


一中が歌舞伎出演で初めて江戸下りしたのは、市村座の『お夏笠物狂《なつかさものぐるい》』（一七一五年）です。あの独特ないでたちと、上品な一中節で江戸の客を魅了しました。

二度目の江戸下りでは、息子の若太夫や娘婿の金太夫三中《かねたゆうさんちゅう》なども伴いました。実のところは、弟子の国太夫半中の人気に押されての都落ちです。

半中はもう六十歳だというのに、何とも扇情的で艶っぽい浄瑠璃を語るのです。

一中は江戸での起死回生を狙って弟子たちを連れてきたのでしょう。一中が江戸で取った初めての弟子は、乗物町（神田）の色子茶屋、伏見屋の主人です。彼は都太夫和中《わちゅう》という名取りになり、市村座にも出勤しています。

伏見屋には千蔵という色子がいて、彼がのちに富士田吉治（後述）という長唄の唄うたいになり、一世を風靡することになるのです。

一中はその後弟子を残して京に帰り、七十五歳で病没。息子若太夫が二世を継ぎました。彼は新たに呼び寄せた、秀太夫千中《ひでたゆうせんちゅう》たちと入れ替わりに京に帰り、和泉掾《いずみのじょう》を受領しました。

彼らの努力もあって一中節は江戸での地盤を固め、『夕霞浅間嶽《ゆうがすみあさまがたけ》』（一七三四年・中村座）で快心のヒットを飛ばします。

『夕霞浅間嶽』がヒットしたのはこの狂言の所作（舞踊）を勤めた上方下りの女方、瀬川菊之丞の「風流相生獅子《あいおいじし》」が古今無双の大当たりを取ったことにもよるでしょう。

〽うらみも恋ものこりねの　もしや心のかわりやせんと……

という『夕霞浅間嶽』の冒頭の一節《いっせつ》が江戸中に流行り、稽古本が飛ぶように売れたといいます。一中節の師匠は俄に忙しくなり、「江戸中の家に鼠《ねずみ》の糞《ふん》と夕霞の稽古本のない家はない」というほど大ブレイクしたのです。当然踊子たちも一中節に乗り換えたに違いありません。

それほど江戸中を沸かせた一中節ですが、愛弟子半中が興した豊後節に押されて人気が凋落してしまいます。

一中節の連中は芝居の仕事が無くなり、五世一中は吉原に逃れ男芸者になったといいます。

一中節ももはやこれまでか、という消滅寸前のところに救世主が登場します。吉原の引き手茶屋の息子で、三世山彦新次郎という河東節の三味線弾きです。

彼は五世一中と共に古典の復活や新曲作りに励み、座敷芸としての一中節を再興しました。そして菅野序遊《すがのじょゆう》と名を変え、五世の相三味線になったのです（一八〇四〜一八年頃）。

その後、二世菅野序遊が菅野派を立て、その弟子が宇治派を立てて分派しましたので、現在は本家の都派と、菅野派・宇治派の三派が存在しています。

一九九三年、その三派からなる一中節保存会が、重要無形文化財保持団体に総合認定されました。

都一中の当代は十二世で、常磐津文字蔵《ときわずもじぞう》が一九九一年に襲名しました。

三味線はやや太めの中棹です。

半太夫節

杉山丹後掾《たんごのじょう》は江戸浄瑠璃の祖ですが、息子江戸肥前掾《ひぜんのじょう》も柔らかく優しい肥前節を語ります。

肥前掾の弟子に江戸半太夫《はんだゆう》がいます。半太夫はもと修験者の息子で、説経節・祭文《さいもん》の巧者でしたが、ワキを探していた肥前掾に見いだされて入門したのです。

彼は肥前掾のワキで御前操りや歌舞伎出演、贔屓のお座敷などに出演するうちに、自分の専門だった説経節や祭文の節に、師の柔らかな語りをミックスした、歌謡的要素の強い独自の歌浄瑠璃、半太夫節を編み出したのです。

そして通常の段物浄瑠璃ではなく、お座敷用の端物《はもの》浄瑠璃を作曲するようになります。その浄瑠璃は『お座敷浄瑠璃』として出版され、遊女・踊子たちに持て囃されました。酒席での余興にはうってつけの長さだからです。

半太夫が三味線弾きの山崎源左衛門や、村上源四郎などを誘って独立し、堺町に操り座を持ったのは一七一二年のことです。

半太夫は、二代目市川団十郎が山村座で打った『花館愛護桜《はなやかたあいごのさくら》』（一七一三年）で「助六」の出端《では》（主役登場の音楽）を語り、弟子の江戸太夫河東《かとう》（後、十寸見《ますみ》河東・後述）がワキを勤めました。

助六というのは京の豪商、萬屋《よろずや》の若旦那の名前で、実在した人物です。彼は島原の遊女揚巻《あげまき》に入れ込んだあげく、親子の縁切り金で揚巻を身請けし、大坂の千日寺で心中した柔《やわ》な坊《ぼん》です。

上方ではこの話が『京助六心中』として脚色され、京早雲座と大坂片岡仁左衛門座で、同時に上演されました（一七〇六年）。

仁左衛門座で『京助六心中』の道行を語ったのは都太夫一中です。一中は最初の江戸下りで、『京助六心中』を二代目市川団十郎に聴かせたといいます（一七一二年）。

団十郎はそれをヒントに「助六」を創り出したと思われますが、江戸の歌舞伎は荒事です。団十郎は助六のキャラクターを、柔な坊からいなせな侠客《きょうかく》、花川戸助六《はなかわどのすけろく》に変えました。そして、『花館愛護桜』の二番目に『助六由縁江戸桜《すけろくゆかりのえどざくら》』と題して舞台に掛けたのです（一七一三年）。団十郎の助六はこれが初演となります。

この時の浄瑠璃は半太夫節といわれています。

団十郎二度目の助六となるのは、吉例曾我狂言『式例和曾我《しきれいやわらぎそが》』（一七一六年初演・中村座）です。団十郎はここで助六と曾我五郎を合体させました。

主人公である花川戸助六（実は曾我五郎の世を忍ぶ仮の姿）は、仇討ちに必要な源氏の宝刀、友切丸《ともきりまる》を探すために夜毎吉原に通い喧嘩を売り、刀を抜かせては腰の物を改めるという荒唐無稽な筋書きです。

助六が五郎と同じ「むきみ隈」を取っているのは、助六が実は五郎だと暗に匂わせているからです。

この時の出端は江戸吉太夫（半太夫の高弟）で、古今無双の大当たりだったといいます。

江戸で一世を風靡した半太夫節は上方にまで伝播し、当道の検校たちにも好まれたようです。

今でも「意見曾我」「月見曾我」「煙草曾我」など、数曲が半太夫物として地歌に残っています。半太夫の名は幕末まで七代続きましたがその後絶えました。

三味線には上調子《うわぢょうし》という、棹の中程にカセ（ギターのカポタスト様の物）を掛けて、本手（主旋律）より完全四度（あるいは五度）高く調弦し高音三味線として使用する手法があります。

本手に対して上調子が副旋律となって重なりますので、表現力が増します。ですから上調子は浄瑠璃系では必ずといっていいほど使用されます。

上調子の始まりがいつなのかは不詳ですが、半太夫節のあとに出る河東節・大薩摩節・豊後節などの浄瑠璃では、必ずといっていいほど使用されますので、案外この時期に村上源四郎あたりが創案したのではないかと思います。

河東節

江戸半太夫の弟子、江戸太夫河東は日本橋の魚商天満屋の跡取り息子でしたが、子供の頃からの音曲好きが高じて店を潰してしまい、今を時めく半太夫に入門しました。

彼は隅田川の東に居を構えましたので、芸名を河東と洒落ました。そして酒乱漢《しゅらんかん》の自身を茶化して号は手欄干《しゅらんかん》、印形《いんぎょう》（はんこ）は酒を入れる瓢箪と、何もかも洒落まくるいなせな男です。

河東は師匠のワキで、二代目市川団十郎の芝居などに出勤するうちに評判となり、いつの間にか人気が師匠と逆転してしまいました。

河東は師の節に広瀬式部太夫の式部節や、手品市左衛門の手品節などをアレンジした、優艶かつ格調の高い浄瑠璃、河東節を編み出し、村上源四郎を誘って独立しました。河東節樹立の記念すべき第一曲目は、市村座初春狂言『傾城富士の高嶺』（一七一七年）の「松の内」です。

その後河東は十寸見河東と改名。村上源四郎も山彦源四郎と改名します。「山彦」というのは桜井丹波少掾（金平節）の相三味線、泉権左衛門が愛用していた古近江の銘です。

源四郎はずっとその三味線が欲しくてたまらなかったのですが、なかなか譲ってもらえなかったのです。やっとそれを手に入れた源四郎は三味線の銘「山彦」を姓にしたのでしょう。

河東が魚問屋の息子だったこともあってか、門弟には蔵前の札差や魚河岸の大商人、吉原の楼主といった、いわゆる大通《だいつう》（大金持ちの通人）といわれる連中が多く、彼らは河東の後援者でもありました。

河東節は御簾内で語るのが特徴になっています。それはなぜかというと、出演する連中の顔が見えないようにとの配慮からです。河東の弟子は、幕府を相手の商売や、大名や旗本に金貸しをしている者が多いので、あからさまに顔を出すのは憚《はばか》られたのです。

そう考えると十寸見という姓にも合点がいきます。河東は客席から一寸《ちょっと》だけ見える御簾内を、十寸見と洒落たのでしょう。

しかし河東は絶頂期ともいえる四十二歳で世を去り、孫弟子の河丈が二世河東を継ぎました（一七二八年）。

二世河東は、八代目市村羽左衛門が助六を演じた『英分身曾我《はなぶさぶんしんそが》』に出演し、「冨士筑波二重霞《ふじつくばふたえがすみ》」（一七三三年・市村座）を語りました。これが河東節による「助六」の初出演となります。

しかしその河東節も、後発の豊後節及び、そこから派生した豊後系浄瑠璃に押されて、次第に人気に陰りが見えてきます。

それでも四世河東までは、山彦源四郎が相三味線を弾いていましたし、五世（?～一七七六年）くらいまでは芝居出演もしていたようです。

その後の名人といわれたのが十寸見文魚《ぶんぎょ》です。文魚は五世河東の弟子で、十八大通の棟梁といわれる蔵前の札差です。

名人上手で通っていて、周りの者みなに河東節をやらせた、というほどの河東節至上主義者です。

九代目市村羽左衛門が、『江戸《えど》紫《むらさき》根元《こんげん》曾我《そが》』（一七六一年・市村座初演）で助六を演じることになった時、頭取（芝居の総取締役）は文魚に頭を下げて出演を依頼しました。

この時の河東節が今日まで伝えられる、四世河東作曲の『助六由縁江戸桜』です。これ以後しばらくは河東節の出端は市村家の独占となります。

花川戸の助六は江戸一番の色男で、江戸中の男の憧れです。大通といわれる旦那衆は、公演のたびに舞台の引き幕や、衣裳・鉢巻・下駄などの品物を贈り、祝儀や積み物（酒樽や俵物）の金にも糸目をつけません。

出演する立場になってもそれは同じことで、金は出しても受け取らない。給金など笑止千万です。頭取としては待遇で気持ちを表すほかはありません。

まず助六狂言が決まると頭取は麻の裃《かみしも》を着けて、河東宅へ出演依頼に行きます。そして舞台初日には芝居茶屋を借り切ってご接待をし、茶屋とは目と鼻の先にある芝居小屋まで駕籠を仕立てるのです。

『江戸紫根元曾我』の舞台は吉原の揚屋三浦屋の見世先です。河東節の連中は、御簾を掛けた見世格子の中で河東節を演奏します。

いざ助六の出番で河東節が始まるという時には、わざわざ頭取が舞台に登場して口上を述べ、「河東節御連中さま、どうぞお始め下さりましょう」と御簾内に頭を下げたといいます。

歌舞伎にとって河東節の御連中は特別な御贔屓さまなのです。

河東節は七世（一八二六年没）までは河東を襲名していたのですが、八世から十世は死後追贈という形になりました。その後残念ながら河東節のプロは絶えてしまい、吉原の座敷浄瑠璃や旦那衆の道楽として残るだけという状態になってしまいました。

十一世河東（一九一九年没）をもって家元の襲名はなく、現在は十寸見会（理事制）が名義を預かっています。

その後、河東節は重要無形文化財に指定され、河東節保存会が保持団体に認定されています（一九九三年）。

現在河東節は四〇曲ほど伝存しますが、歌舞伎の出演は「助六」の時だけで、あとは十寸見会や好事家《こうずか》の間で伝承されているのみです。

七代目市川団十郎が「助六」を歌舞伎十八番に制定（一八三二年）してからは、河東節が団十郎家の専売のようになりました。

今日《こんにち》では『助六由縁江戸桜』の公演が決まると、十寸見会が成田屋（市川家）贔屓の旦那衆や奥様方を集め、稽古をして本番に臨みます。そして築地の魚河岸会の旦那衆からは、古式にのっとって江戸紫の鉢巻が助六を演じる役者に贈られます。

他の役者が「助六」を演じる場合はどうなるかといえば、尾上菊五郎家は清元節《きよもと》が、片岡仁左衛門家は長唄が勤めるようになっています。

河東節の三味線は現在では細棹三味線を使います。

大薩摩節

薩摩外記の弟子、薩摩文五郎が薩摩主膳《さつましゅぜん》の名で初めて歌舞伎芝居に出たのは、森田座の『楪根元曾我《ゆずりはこんげんそが》』（一七二〇年）です。二代目市川団十郎の曾我五郎の出を語りました。彼の語りはすっかり団十郎に気に入られ、豪快でダイナミックな浄瑠璃は江戸庶民の心もむんずとつかみました。

その後主膳は大薩摩主膳太夫《おおざつましゅぜんだゆう》と改名して独立。団十郎の「矢の根《ね》」（一七二九年・中村座）で一躍その名を轟かせます。この時の相三味線は梅津新之丞です。

「矢の根」は正月吉例の曾我狂言です。曾我五郎（団十郎）が、いつなんどきでも父の仇が討てるようにと、矢尻を研いでいるところへ、大薩摩主膳太夫が年始の挨拶に来るという筋書きで始まります。

舞台で大薩摩節を語っていた主膳太夫が、山台《やまだい》（地方の演奏する台）を降りて五郎の家に挨拶に来るという、お茶目な趣向なのですから、団十郎がいかに主膳太夫を気に入っていたかが分かります。

この狂言は正月から五月までロングランを続け、四二〇〇両余り（約二億五〇〇〇万円）もの興行収入を得たといいます。座元の六代目中村勘三郎は、これ一番で大きな蔵を建てたといいます。

以後団十郎の荒事芝居に大薩摩節はなくてはならない存在となりました。相三味線は鳥《と》羽屋三右衛門《ばやさんえもん》か杵屋弥十郎あたりが勤めたのでしょう。

初世主膳太夫没後は、養子の右扇太夫が二世を継ぎました（一七五九年）。

彼は長唄の富士田吉治と組んで、大薩摩節との掛合《かけあ》い（コラボ）による「鞭桜宇佐《むちざくらうさの》幣《みてぐら》」（一七六四年・市村座）を出し、客を沸かせました。

吉治はもと一中節の太夫でしたので、浄瑠璃とのコラボに違和感はなかったのでしょうが、ジャンルを越えて同座するという柔軟な発想は驚きです。

三世主膳太夫は二世の門弟文太夫《ぶんだゆう》が継ぎました。彼も初世杵屋佐吉と組んで長唄と大薩摩節の掛合いで「蜘蛛拍子舞《くものひょうしまい》」（一七八一年・中村座）を作っています。

三世没後は正式に継ぐ者もなく、大薩摩節の家元権は旦那筋にあたる日本橋の魚商中村八兵衛預かりとなりました。

その後、大薩摩節はしばらく絶えていたのですが、七代目団十郎が『伊達模様解脱絹川《だてもようげだつのきぬがわ》』（一八二二年・中村座）を演じるにあたって、団十郎の朋友四世杵屋六三郎が大薩摩節で「不動」を作曲し、復活を果たしました。

大薩摩節を演奏するには大薩摩節の名前が必要です。しかしこの時大薩摩節は休眠状態にあります。そこで長唄の唄うたいが大薩摩節の名前を付けて出演することになり、富士田新蔵が二世大薩摩文太夫を名乗りました。

その後、十代目杵屋六左衛門が中村八兵衛から大薩摩節の家元権を預かり（一八二六年）、十一代目六左衛門の代になって正式に家元権を譲り受けたのです（一八六八）。

正真正銘大薩摩節の家元になった六左衛門は、大薩摩絃太夫を名乗り、長唄の連中に大薩摩節の名前を与えました。

六左衛門によって大薩摩節は長唄に吸収合併され、長唄が兼業することで生き残ったのです。

豊後節

都太夫一中の弟子国太夫半中が、宮古路国太夫と名を改めて独立したのは『山崎与次兵衛半中節』の舞台からです（一七二三年・大坂嵐座）。

芝居の外題に半中節が付いているのですから、人気のほどがうかがえます。この時の三味線は菊沢林弥という盲人で、大好評だったといいます。

国太夫は生年が不詳なのですが、通説（一六六〇年生まれ）によればこの時六十二歳です。ずいぶんと遅い独り立ちということになります。

そして六十九歳で宮古路豊後と改称し、一中節全盛の江戸に下ります（一七三〇年）。この時の出演記録はないのですが、翌年に豊後節関係者の舞台出演が禁止されていますから、どこかの小芝居に出たのでしょう。

豊後が市村座に呼ばれて江戸に下ったのは、それから二年後（一七三二年）のことです。

吉例曾我狂言『松竹梅根元曾我』の『楪葉傀儡師《ゆずりはかいらいし》』を語りました。これ一番で江戸に一大旋風を巻き起した豊後は、初春興行を終えると名古屋に入りました。

名古屋は徳川宗春《むねはる》の治世です。宗春は徳川将軍吉宗の質素倹約、規制強化の政策に反抗して、贅沢推奨、規制緩和策を取っています。

藩祖以来禁止されていた遊里を三ヶ所も作り、遊女の数は一〇〇〇人以上。芝居小屋は五〇座以上もありますので、江戸や上方の役者もどんどん入ってくる。当時日本で一番景気のいい国が名古屋でした。

豊後が名古屋の芝居小屋に出演してから一年目の秋、闇《くらがり》の森八幡社境内で畳屋喜八と花村屋の遊女小さんの、心中未遂事件が起きました。

豊後はこれを猛スピードで脚色し、翌年正月『睦月連理 椿《むつまじきれんりのたまつばき》』（通称「名古屋心中」）という外題で広小路袋町の黄金薬師芝居に掛けました。

これはリアルタイムの新鮮さと、扇情的な豊後節が大評判になりました。

江戸では十年も前から心中物の上演や新作は禁止されていますが、名古屋ではおとがめなしです。俄に忙しくなった豊後は京から高弟の宮古路薗八《そのはち》（後述）を呼び寄せました。

その年の秋、大当たりを取った「名古屋心中」を土産に、豊後は再び江戸に下ります。この時薗八は師と別れ、京に戻りました。

心中物禁止の江戸に心中物を持ち込むのですから、宗春のお墨付きがあってのことでしょうが、さすがに大芝居は受け入れてくれなかったようです。

豊後を受け入れたのは葺屋町河岸の播磨芝居という操り芝居の小屋です。操り芝居の小屋で歌舞伎をやることは当時として珍しいことではありません。

この時の役者は村上常五郎（おさん）・沢村喜十郎（伊八）です。芝居狂言では実名を使うことが許されていませんので、小さんがおさんに、喜八が伊八として登場します。

この時、京から宮古路文字太夫（後、常磐津《ときわず》文字太夫・後述）が呼ばれ、相三味線に佐々木幸八（後、市蔵）が加わりました。

役者が二流にもかかわらず、大入り大当たりを取ったのは、ひとえに豊後の浄瑠璃の巧さによるものでしょう。

このヒットで豊後は掾号を受領し、宮古路豊後掾橘盛村と改めました。

播磨芝居の大当たりを見た中村座は翌年七月、豊後掾を招き「名古屋心中」を打ちました。しかし夏芝居ですので幹部俳優はお休みで、端役者の修行のような舞台です。

配役は、おさん（嵐三太）、伊八（中村新五郎）とぱっとしませんが、皆「おさん伊八道行」を語る豊後掾と文字太夫を目当てに押しかけ、夏枯れなどどこ吹く風とばかり、連日大入り札止めが続きました。

こうなると豊後礼賛《らいさん》とでもいいましょうか、一中節や河東節などを習っていた連中が、皆一斉に豊後節に乗り換えました。一中節の『夕霞浅間嶽』がヒットしたのは、ほんの一年あまり前のことです。

あれほど一世を風靡していた一中節はまたたく間に雲散霧消し、今度は江戸中が豊後節一色となったのです。

豊後掾は京から宮古路品太夫（後、常磐津小文字太夫）や宮古路加賀太夫（後、富士松薩摩・後述）などを急遽呼び寄せました。なぜこんなに持て囃されるのか、豊後掾自身にも分かりません。

おかげで一中節や河東節・大薩摩節などは人気凋落で、弟子も来なければ、芝居の口もかからない。何とかしてくれと助けを求めて奉行所に駆け込んだといいます。

かくして「あばたもえくぼ」式に豊後掾の持ち物から衣裳まで、すべてが格好よく見えてきたのです。

豊後掾は若い時からファッションには敏感でしたから、京風のぞろりとした対丈の長羽織に幅広の帯を好み、髪形は流行りの辰松風をさらに華奢《きゃしゃ》にアレンジしたものを結っていました。これらは文金風といわれ、大いに持て囃されました。

豊後掾の二度目の江戸下りから三年目に、元号が享保から元文に変わり（一七三六年）、「文」の刻印のある文字金《ぶんじきん》（略して文金）が改鋳されました。それで豊後の「豊」と「文」を掛けて、豊後のファッションがすべて文金風といわれるようになったのです。女の髪形文金高島田も、豊後掾の辰松風をアレンジしたものです。

豊後一門が皆師匠と同じ格好をしましたので、その弟子たちも真似をする。結果江戸中に文金風が流行ったというわけです。

武士までもが対丈の長羽織に幅広の帯を締め、大小の物は落とし差し。羽織の紐をダラリと垂らして紐先の房を下駄で蹴りながら歩くという、何とも締まりのないありさまです。

当時男専用だった羽織は、まず深川の踊子の間で流行り始めました。その後、大人の女たちが戯れに着るようになり、爆発的な流行になったのです。

昔は気の毒なことに何でも規制されたようで、お上は女性の羽織着用禁止令を出しています（一七四八年）。

異常とまで思われる豊後節のブームに煽られてか、再び町人たちの間に心中や駆け落ちが増え始めました。

お上は男女の淫奔《いんぽん》・姦通《かんつう》・諸悪の根元は豊後節にありとばかり、豊後節の締め付けを開始。まずは舞台での出語りが禁止されました。

さあ、困ったのは芝居の座元です。客足が途絶えて死活問題となったのです。三座の座元は奉行所に直訴しました。結果、豊後一門の芝居出勤は認められたのですが、今度は自宅稽古が禁止となりました。

豊後掾のパトロンでもある徳川宗春は、江戸滞在中も贅沢な暮らしを続けました。尾張藩御留守居与力《おるすいよりき》の、原武太夫《はらぶだゆう》（後述）を幇間《ほうかん》役に連れて、連日の吉原通いです。

大名・旗本の遊里遊びははるか昔に禁止されています（一六九三年）。そこへ宗春が編み笠もつけず、身分も隠さず現れての放蕩三昧《ほうとうざんまい》。あげくに遊女春日野を身請けするという始末ですから、いかな吉宗もこれを黙って見過すわけにはいきません。

まずは国元の規制強化ということで、名古屋の三つの遊里が一つにしぼられ、新規の遊女や新設の芝居小屋が禁止されました（一七三六年）。

宗春の威力が失せてくると豊後掾への風当たりも強まってきます。居心地の悪くなった豊後掾は弟子たちを残し京に戻り、掾号を返上して鳴りを潜めました。

不思議な事に、肝心の豊後掾がいなくなっても豊後節の勢いは一向に衰えを見せません。文字太夫・加賀太夫・品太夫らが中村座・市村座・河原崎座（森田座控櫓）などを分担して勤めました。

●控櫓というのは、幕府公認の江戸三座が何らかの事情で興行できない時、代わりに興行することを許された小屋をいいます。

中村座は都座・市村座は桐座・森田座は河原崎座が控櫓になっています。

相も変わらず豊後節の連中が心中を礼賛するような豊後節を語るものですから、今度は武士・旗本・高級役人、またその奥向きにまで心中や駆け落ち、不義密通などが横行してきたのです。

お上は再び豊後節の弾圧を始めました。今度は豊後節の太夫名を掲げての舞台出演や自宅稽古を禁止。さらに庶民が町中で戯れに豊後節を口ずさむのも、また豊後節稽古場という看板を出すのも禁止という厳しい処分です。

しかしなぜか、小芝居や宮地芝居での出演は許されたのです。

そして、ついに宗春に蟄居《ちっきょ》謹慎の命令が下りました（一七三九年）。

上方では豊後節の禁止はありませんでしたので、豊後掾は中村富十郎や瀬川菊之丞などの芝居に出語りをしていましたが、八十一歳で大往生をとげました（一七四〇年）。残された豊後節の太夫たちは、その後おのおのが独立して一派をなします。それが豊後系浄瑠璃といわれるものです。

豊後節がこれほどまでの弾圧を受けたというのは、単にその扇情的な浄瑠璃が心中を煽るからという理由だけではなかったようです。吉宗の経済政策に反発する宗春が、豊後掾を暗に後援することで、ある種反逆のパフォーマンスをしたのではないか。

そのおかげで豊後掾は、心おきなくわが浄瑠璃を語ることができたのでしょうし、吉宗の弾圧があったからこそ、その後にバリエーション豊かな豊後系浄瑠璃が生まれたともいえるのです。

吉宗と宗春の対立がなければ、近世浄瑠璃がこれほどまでに発展することはなかったでしょう。偶然とはいえ時に為政者は乙なことをやってくれるものです。

第八章

豊後系浄瑠璃いろいろ

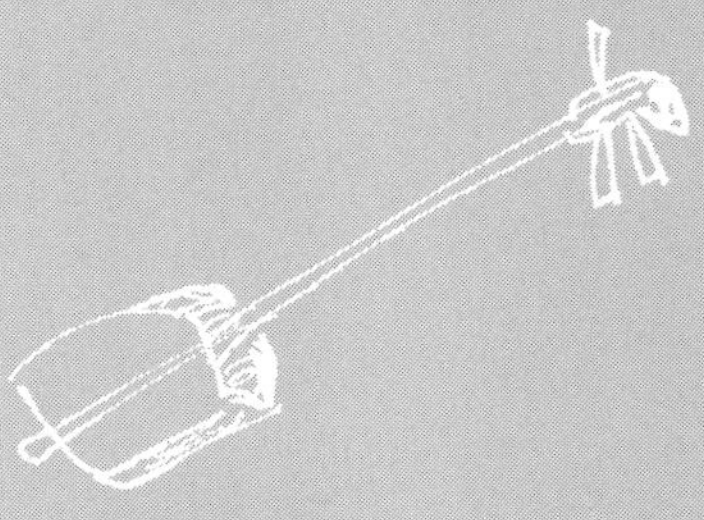

富士松節

宮古路豊後掾没後、豊後節の全面禁止は解禁されました。豊後節は返り咲きましたが、江戸に残った弟子たちはもしもの弾圧を警戒して、それぞれが独立を決意します。

●彼らの興した浄瑠璃が「豊後系浄瑠璃」といわれるものです。いくつもの分派が起きましたが、中でも吉原の座敷浄瑠璃に移らずに、芝居を仕事場とした常磐津節・富本節・清元節を特に「豊後三派」といいます。

独立の先陣を切ったのは長老の宮古路加賀太夫です。加賀太夫は弟子の加賀八を連れて富士松薩摩と改名し、「富士松節」を樹立しました（一七四五年）。

彼はさすがに長老だけあって芸は確かなものです。翌年受領して薩摩掾となりました。加賀八は富士松敦賀《つるが》太夫と名乗り、師に従っていたのですが、師から独立を薦められて、朝日若狭掾《わかさのじょう》と改め新流派を立ち上げました。弟子の斎《さい》や新内《しんない》も若狭掾に従いました。若狭掾一門は順調に動き始めたのですが、加賀太夫に続いて独立した宮古路文字太夫が興した常磐津節の人気におされ、次第に芝居に居場所をなくしてしまいます。若狭掾は鶴賀若狭掾と改名し、吉原の座敷浄瑠璃へと進路を変えたのです（一七五八年頃)。

常磐津節

折しも丸本物の義太夫狂言が真っ盛りです。宮古路文字太夫は毎日中村座で同座している『菅原伝授手習鑑《てならいかがみ》』の義太夫節を聴いていました。

そして豊後節にこの豪快な義太夫節の要素を取り入れたら面白いと考えた文字太夫は、豊後節にはなかった重厚で高尚な芸風の「常磐津節」を編み出したのです。

そして宮古路加賀太夫に遅れること二年、文字太夫は常磐津文字太夫と改名して独立。常磐津節を樹立しました(一七四七年)。この時、弟分の小文字太夫(後、富本豊前掾《とみもとぶぜんのじょう》・後述)も従いました。

相三味線は豊後節時代からのコンビで、当代きっての名人佐々木市蔵です。

常磐津節が江戸浄瑠璃として歌舞伎に定着するきっかけとなったのが、堀越二三治《にそうじ》作の『芥川紅葉柵《あくたがわもみじのしがらみ》』(一七五三年・市村座)です。

美形の誉《ほま》れ高く、しかも美声の文字太夫が語る新趣向の常磐津節は大評判となりました。座元も当たるとなれば大歓迎です。これ以後、一興行の中に必ず浄瑠璃を地とする、浄瑠璃所作が組み入れられるようになるのです。

瀬川菊之丞が長唄の地で「傾城道成寺」（一七三一年）を踊って以来、所作事の地は長唄と決まっていました。ですから長唄は立方《たちかた》（踊る人）がリズムを取りやすいようにと、拍を重視した曲調になったのです。

常磐津節や富本節などの浄瑠璃も、所作に関わるようになってからは拍子を明確にした曲作りに変わっていきました。

文字太夫は、九代目市村羽左衛門による四役の変化舞踊『蜘蛛絲《くものいと》 梓《あずさの》 弦《ゆみはり》』（一七六五年・市村座）で、またしても大ヒットを打ちました。

市蔵の作曲の妙と、文字太夫の浄瑠璃、羽左衛門の踊りが相まってこの狂言は江戸中の評判を取りました。

このヒット後に市蔵は世を去るのですが、文字太夫は後継の相三味線を市蔵の門弟ではなく、岸沢式佐《しきさ》（後、二世古式部《こしきぶ》）に決めたため、佐々木派が反発。賛同する古参の太夫と共に常磐津を出て新流派を興しました。しかし、長くは続かずほどなく衰退したようです。

初世文字太夫没後は、弟子の兼太夫が二世文字太夫を継ぎました。相三味線は引き続き二世岸沢古式部です。

一七八三年に古式部が没すると、文字太夫は鳥羽屋三右衛門の弟子で、富本節の三味線弾き鳥羽屋里長《りちょう》（盲人）を引き抜き、相三味線に据えました。

文字太夫と里長は、舞踊劇『積恋雪関扉《つもるこいゆきのせきのと》』（通称「関の扉」・一七八四年・桐座）でヒットを飛ばし、「戻駕《もどりかご》」（一七八八年・中村座）も大当たりを取りました。

里長の作る曲は次々とヒットを打ち、常磐津節は全盛期を迎えるのですが、彼は富本節の三味線弾き名見崎徳治に口説かれ、古巣の富本節に戻りました。しかしその後、里長は消息不明のまま世を去ったといいます。

●現在里長の名は、長唄の芳村伊千十郎が七世を継いでいます（一九七四年）。

里長が消息を絶ってからというもの、病気がちとなった文字太夫は、引退してしまいます（一七九九年）。

文字太夫の弟二世兼太夫は、当然自分が跡を継ぐものと思っていたのですが、文字太夫は八歳の息子林之助に跡を継がせたい一心で、兼太夫を破門にしてしまいました。そして林之助に小文字太夫の二世を継がせると、ほどなく世を去ったのです。

破門になった兼太夫は吾妻国太夫と名を改め、別派を立てました。

林之助の小文字太夫は、二十八歳の時に文字太夫の三世を襲名したのですが、その年の暮れに早逝してしまいました（一八一九年）。

三世文字太夫には子供がいませんでしたので、初世の孫、市川男女蔵《おめぞう》の次男が四世を襲名しました。相三味線は五世岸沢式佐です。式佐は三世桜田治助（戯作者）の書く狂言を作曲し、次々とヒットを飛ばします。

文字太夫・式佐のコンビで常磐津節は隆盛し、文字太夫は受領して豊後大掾《ぶんごのだいじょう》となりました（一八五〇年）。

そして式佐が古式部の四世を襲名して作曲したのが、全六段すべて常磐津節からなる、長編舞踊劇『三世相錦繍文章《さんぜそうにしきぶんしょう》』（一八五七年・中村座）です。

これが看板役者なしの夏興行にもかかわらず、大当たりを取ったのです。二人とも名人ですから、片や浄瑠璃が巧いから、片や作曲がいいからと、おとな気もなく功名を争い、豊後大掾と古式部の間に、ぎくしゃくとしたわだかまりができてしまいました。

それが尾を引いていたのでしょう、ついに古式部が常磐津を飛び出し、岸沢派を立ち上げたのです（一八六〇年）。

しかし岸沢派には肝心の太夫がいません。古式部は息子の六世式佐を相三味線にして、自らが浄瑠璃を語ったというのですから、尋常じゃありません。

常磐津派から岸沢姓の三味線弾きがいなくなってしまったため、常磐津八十松が常磐津文字兵衛と改め、タテ三味線となりました。

豊後大掾没後は、実子佐六が六世常磐津小文字太夫を襲名しました（一八六四年）。小文字太夫は江戸三座で活躍するのですが、文字太夫の襲名をしないまま三十一歳で早逝してしまいましたので、残された妻が家元権を預かりました。

彼女は豊後大掾の内弟子だった二世常磐津松尾太夫を養子に取り、七世小文字太夫を継がせました。彼は生来の美声に加えて、芸質《げいだち》の良さも天下一です。常磐津派と岸沢派の分裂は当代小文字太夫の時代に、河竹黙阿弥《かわたけもくあみ》や十二代目守田勘弥の仲立ちにより、二五年振りに和睦しました（一八八四年）。

その後小文字太夫は、わけあって文字太夫家を離縁となり（一八九一年）、故郷の盛岡に隠棲しました。彼は宮古路国太夫半中という豊後掾の前名を名乗り、盛岡で芸者に稽古をしながら芸の研鑽に励んでいました。

そんな折、九代目市川団十郎から出演のお声がかかりました。彼は二度と舞台に上がることはあるまいと思っていたのですが、団十郎のたっての願いです。名を常磐津林中《りんちゅう》と改め、二世文字兵衛を相三味線にして、常磐津節舞踊曲の大曲『積恋雪関扉』の舞台に出演したのです（一八九七年・歌舞伎座）。

団十郎が呼びよせた林中というだけではなく、格調高くしかも自在に語る林中の常磐津節は大評判となりました。

噂を聞いたアメリカのコロムビアレコードなどが、わざわざ収録のためにやって来たほどです。

林中の芸風は常磐津節だけにとどまらず、清元節や長唄界にまで影響を与えました。

林中没後、常磐津派と岸沢派は再び対立しましたが、常磐津協会の設立により和解しました（一九二七年）。

一九八一年には常磐津節保存会が重要無形文化財保持団体に総合認定されています。

現在の常磐津文字太夫は九代目・十七世で、岸沢式佐は十一代目、常磐津文字兵衛は五世です。

初世文字太夫から始まった浄瑠璃所作は、歌舞伎興行が通し狂言だった時代には一日に必ず一幕は上演されていました。その後見取《みどり》狂言といって面白い場面だけを抜き集めて上演するようになると、浄瑠璃所作としての歌舞伎出演は少なくなっていきましたが、現在では舞踊会や素浄瑠璃の会などで盛んに行なわれています。

三味線は中棹を使います。

富本節

宮古路文字太夫の独立に従い、一時は常磐津節の傘下となった小文字太夫でしたが、パトロンの松江藩六代藩主、松平南海公《なんかい》の勧めにより、一年ほどで常磐津を離れ、富本豊志《とよし》太夫と名乗り富本節を樹立しました（一七四八年）。

この時弟子の富本斎宮《いつき》太夫も師に従いました。相三味線は宮崎忠五郎です。

これにより常磐津節と富本節は、はからずもライバル関係になってしまったのです。

豊志太夫は重厚で高尚な常磐津節を基に、上品で華やかで繊細な芸風を編み出しました。そして翌年早々と受領し、豊前掾《ぶぜんのじょう》を名乗りました。その後再受領して筑前掾となりますが、五十歳を前にこの世を去ってしまいました。

この時、跡継ぎの午之助《うまのすけ》はまだ子供でしたので、故あって芝居を離れていた大番頭の斎宮太夫が後見人として復帰しました。

のちに、この午之助が天性の美声と技の巧さ、七代藩主松平不昧《ふまい》公（南海公の息子）を後ろ楯にした政治力で、富本節の全盛時代を築くのです。

午之助が二世豊志太夫を経て、二世豊前太夫を襲名したのは、市村座顔見世の大切り所作、『夫婦酒《みようとざけ》替奴中仲《かわらぬなかなか》』（通称「鞍馬獅子」・一七七七年）の舞台です。作曲は相三味線名見崎徳治です。

徳治はその後ワキ三味線に、常磐津節に引き抜かれていた鳥羽屋里長を連れ戻しました。

この頃、富本節は不昧公の後押しで、大奥女中の必修音楽になっていました。また資格審査の対象にもなっていましたので、大奥を目指す上流家庭の子女たちは競って習い、武士や町人たちまでもが富本節の稽古に余念がなかったのです。

いそいそと女師匠の許に通う彼らの様子に、風紀の乱れを懸念したお上は、女師匠が男の弟子を取ることを禁止しました。男は男の師匠に習えというのです。

この頃の通例として女は稽古、男は芝居出勤でしたから、にわかに富本節の男師匠の需要が増えました。

片や常磐津節は、二世文字太夫が病気がちで引退しようか、という頃です。

そんな常磐津節の端境《はざかいき》期に富本節が全盛期を迎え、「大薩摩も外記も、河東・義太夫・常磐津も近頃ではチンともペンとも音がせず、大繁盛なのは富本だけ」と、黄表紙が茶化すほど、富本節一色の時代が到来するのです。

豊前太夫の後見を無事勤め上げた斎宮太夫が、剃髪して延寿斎《えんじゅさい》（後、延寿）と改めた年に、一人の若者が延寿斎に入門しました。

横山町の茶油《ちゃゆ》商の息子吉五郎（後、清元延寿太夫・後述）です。声に自信のあった吉五郎はめきめきと頭角を現し、入門三年目にして師の初名斎宮太夫の二世を許されました（一七九七年）。

斎宮太夫は家元の豊前太夫に劣らぬ美声と節回しで客を唸らせます。

しかし延寿が没すると、豊前太夫が何かと干渉してくるようになりました。それがわずらわしくなったのでしょうか、斎宮太夫は豊後路清海《きよみ》太夫と名を改め富本節を離れました（一八一一年）。

相三味線は鳥羽屋里長の弟子、鳥羽屋万吉（後、清沢万吉→清元斎兵衛）です。

豊後路清海太夫といい、常磐津林中の宮古路国太夫半中といい、異端児はなぜかルーツである宮古路豊後掾ゆかりの名前を名乗りたがるようです。

豊前太夫は優秀な弟子を失いましたが、受領して豊前掾の二世を名乗りました。

その翌年、パトロンの不昧公が世を去ります。子もなく、体力の衰えを感じた豊前掾は、跡継ぎに日本橋のかつら屋の息子林之助を養子に迎えると、ほどなく世を去りました。

その年、林之助は午之助の二世を継ぎ、続いて三世豊前掾を襲名しました。その後再受領して豊前大掾となるのですが、清海太夫が興した清元節の勢いに押され、次第に芝居から遠ざかり、晩年は息子に四世の名を譲り隠居しました（一八五九年）。

四世豊前太夫は豊前掾を受領すると、息子に五世を継がせ隠居しましたが、五世は二十歳を前に夭逝してしまいました。

その後豊前太夫の名前は継承されるのですが、富本節は衰退の一途を辿ります。

戦後になって、作詞家の石川潭月《たんげつ》が筝曲家の平井澄子らと富本研究会を起こし、十一世豊前を襲名しました。

しかし復興はかなわず、残念ながら現在は消滅した形になっています。富本節の代表曲はかろうじて清元節に移され、伝承されています。

宮薗節（薗八節）

宮古路豊後掾の弟子宮古路薗八《そのはち》は、名古屋に呼ばれて師のワキで「名古屋心中」を語ったあと、江戸には行かず京に戻りました（一七三三年）。江戸での豊後節弾圧の影響は京には及びませんでしたので、薗八の語る豊後節は健在でしたが薗八没後、門弟の哥内《かない》と家太夫が家元の座を巡って争いとなりました。結局家太夫が勝ち、二世薗八を継ぎました。彼は天性の美声に加え、作曲の才能も兼ね備えています。

破れた哥内はこの時、春富士正伝《はるふじしょうでん》と名を改めて独立し、正伝節を樹立しました（一七五八年頃）。

二世を勝ち取ったはずの家太夫もその後宮薗豊前《みやぞのぶぜん》と名を改め、宮薗節を樹立します。宮古路の「宮」と薗八の「薗」を取って「宮薗」と名付けたといいます。その後再び宮薗鸞《らん》鳳軒《ぽうけん》と改名します。

この年に披露された鸞鳳軒の「鳥辺山《とりべやま》」（一七六六年）は、地歌の先行曲に少し手を加えただけのものですが、宮薗節の代表曲になっています。

鸞鳳軒は数百人ともいわれる弟子を育てて宮薗節を大成させましたが、自身は芝居には出ず、座敷浄瑠璃と作曲を専《もっぱ》らにしたようです。伝存する古典曲一〇曲はすべて鸞鳳軒の作曲といわれています。

鸞鳳軒没後は、弟子の宮薗文字太夫が二世を継ぎました。二世没後は相三味線だった時沢鸞孔《らんこう》が、太夫に転向して三世を継ぎました（一八一三年）。

いずれも上方の舞台で活躍しましたが、三世没後は次第にすたれ、上方の宮薗節は衰退してしまいます。

一方の正伝ですが、二世薗八が宮薗鸞鳳軒と名を変えたことに憤慨し、江戸に下りました。そして独断で宮古路薗八の三世を名乗り、吉原の座敷浄瑠璃に活路を見い出しました（一七六八年頃）。

彼の浄瑠璃は厳密にいえば正伝節なのですが、薗八を名乗ってからは薗八節ということになるでしょう。彼は薗八節を残すために、吉原芸者に宮古路姓の名取りを多く出しました。

正伝節と薗八節の違いがどの程度なのかは分かりませんが、正伝節は正伝没後自然消滅しました。

その後薗八節と宮薗節が併存した時期もあったのでしょうが、いつの間にか混在し、現在は薗八節＝宮薗節という扱いになっています。

正伝には鸞鳳軒の弟子で、宮薗春太夫を名乗っていた、弟といわれている人物がいます。

春太夫は上方の芝居で活躍していたのですが、その後春富士春太夫と改名し、江戸に下ります（一七九二年頃）。そして吉原で正伝の地盤を引き継ぎ、弟子の山城屋清八《やましろやせいはち》に、初世鸞鳳軒直伝の宮薗節古典曲一〇曲を伝授しました。清八は日本橋芳町の陰間茶屋の主人で、三味線も巧く声もよかったといいます。

清八は宮薗千之《せんし》（千枝）と名乗り、宮薗節の家元になりました。そして千秀と千寿《せんじゅ》の二人の名取りを出し、彼女たちに宮薗節の将来を託しました。

ところが弟子を取ったのは千寿だけです。千寿はかろうじて二人の弟子を育てました。一人は一中節の名取りで、長唄も箏曲もこなすという小川さな、もう一人は清元節の名取り、梅田たづです。

この二人に伝えられた宮薗節ですが、やはりたづ一人だけが清元節のかたわら、細々と宮薗節を教えました。

千寿没後は、たづがただ一人の宮薗節の師匠となってしまいましたので、明治の始めには『諸芸人名録』から宮薗節が省かれてしまいました。まさに消滅寸前です。

しかし幸いなことに、たづが世話になった写真師の某が、宮薗節に興味を示し、知人の学者大槻如電《おおつきじょでん》に宮薗節再興を託してくれたのです。

如電は学問から歌舞音曲に至るまで、幅広い分野に精通している学者です。長唄「島の千歳」の作詞者としても知られます。

如電はさなを宮薗節に復帰させ、東京府に宮薗節再興を申請しました。

その後如電は宮薗節の管理を十世都一中に移し、同時にさなに二世たづに二世千寿を継がせました（一八八四年）。

かくして宮薗節は文化人や花柳界に愛好家を増やし、花柳界に出入りする政治家たちの間にも広がっていきました。

この頃の東京には柳橋・新橋の高級花街から、この時最下級の赤坂まで二五花街がありました。

花柳界の芸者たちによって伝えられた宮薗節は、四畳半の小部屋で嫋々《じょうじょう》と情痴の世界を語るという、ますます艶麗で繊細な芸風になっていったのです。

しかし関東大震災（一九二三年）で東京が焼け野原となってからは、料理屋も芸者も姿を消し、宮薗節に再び絶滅の危機が迫りました。

翌年の新聞には、ただ一人残った宮薗節の師匠として、千寿の弟子、千代が掲載されています。

宮薗節の家元権を預かっていた一中が世を去ると、評論家でもあり邦楽研究家でもある笹川臨風《りんぷう》が、宮薗節の管理をすることになりました（一九二八年）。

そして二世千之の門弟、二世千秀が、三世千之を継ぎました。彼女は河東節では山彦秀子、荻江節では荻江房の名を持つ三味線の名手です。

翌年、臨風は「古曲鑑賞会」を創設し、河東節・一中節・荻江節・宮薗節を古曲に指定しました。古曲を、自然消滅しかけている古い時代の曲と定義し、その再興を目的とした会です。年二回演奏会が開催されます。

三世千之没後は、門弟の三世千秀が四世を襲名しました。こちらは常磐津小助という名を持つ女流常磐津界一の太夫です。四世没後は、門弟により千之会が作られ伝承されています。

一方の千寿派ですが、二世の孫弟子、千広が三世を襲名しました。彼女も山彦広子・荻江ひろの名を持ちます。

三世千寿は病弱だったため、一番弟子の千幸が四世を生前相続しました。四世没後は、二世千碌が千寿派の代表となり、宮薗節保存会の代表を勤めています（一九九三年、重要無形文化財保持団体総合認定）。

三味線は中棹で撥を使いますが、四畳半の座敷芸ですので、皮に強く当てる打楽器的な奏法はしません。

新内節

鶴賀若狭掾の高弟、斎の弟に盲人ながら無類の美声を持つ、加賀歳《かがとし》という若者がいます。若狭掾の作る新作を独特の節回しで巧く語るのです。

加賀歳が若歳を経て二世鶴賀新内を名乗ってからというもの、「新内節」の評判はとどまるところを知らず、吉原中で持て囃されました。

新内節はいつの間にか、本家本元の富士松節や鶴賀節をも凌駕し、それらをひっくるめて新内節といわれるようになるのです（一七七七年頃から）。

新内節は、豊後節に先祖返りしたような扇情的な節回しが特徴で、豊後節同様に心中物を得意としします。

若狭掾作曲の「蘭蝶」「明烏」（一七七二年作）などは不朽の名作として、いまだに根強い人気を誇っています。

若狭掾没後（一七八六年）は、娘が鶴賀鶴吉を名乗り二世家元を継ぎました。これにより若歳新内は分家的存在となってしまいましたので、分家の初世新内として仕切り直しました。

●新内節では、この若歳新内を初世とするのが通例になっているようです。

その頃、「新内流し」という新しい演奏スタイルが生まれました（一八〇八年頃）。吉原冠《かぶ》りの手ぬぐいに着流しで、テーマソング的なフレーズを弾きながら夜更けの色町を流すのです。声がかかれば立ち止まり、あるいは招かれれば座敷に上がって、男女の色恋を語るというものです。

新内流しは二人一組で流しますので、二挺三味線ともいわれます。太夫が地《じ》（主旋律）の三味線を弾き、三味線方が上調子《うわぢょうし》という高音《たかね》の三味線を弾きます。

新内節の上調子はピック様の小撥で弾きますので、むせび泣くような哀愁をおびた音色を醸し出すのです。

新内流しの流行は、すぐに女《むすめ》新内流しを生みました。これももちろん転び芸者の類いです。

初世新内没後は、弟子の鶴賀八尾太夫が二世を名乗ったのですが、本家筋と悶着になり、新内の名前は鶴吉に返されました。八尾太夫は岡本宮古《みやこ》太夫として独立しましたが、これも一代限りという約束です。

座敷や、流しが専門の新内節ですが、二世鶴吉の子若狭太夫や、三世新内の時代には芝居の地方として出演もしています。


二世鶴吉には鶴賀加賀八太夫という優秀な弟子がいましたが、彼は鶴吉の娘と不祥事を起こし、破門となりました。

鶴賀を出た加賀八太夫はその後富士松節を再興し（一八四五年頃）、富士松魯中《ろちゆう》を名乗りました。

その頃、久留米から来た一人の盲人が魯中に入門しました。富士松紫朝《しちよう》と名付けられた若者は、十八歳にして三味線の名手です。

魯中は鶴賀派の作品を語ることも禁じられましたので、紫朝とともに六〇曲ほどの新作を作りました。

また語り口も工夫し、一中節を旨とした、おっとりとした芸風を編み出しました。

幕末頃になると紫朝は寄席にも出演するようになりました。渋く上品な弾き語りは評判となり、再び新内節が返り咲くのです。


大正時代には富士松加賀路太夫が岡本派を再興し、四世岡本文弥を名乗りました。彼は新作や新内舞踊に新機軸を打ち出し、百一歳まで現役でした。


現在の新内界は、十一世鶴賀若狭掾の鶴賀派を筆頭に、富士元派・研進派・栄派など、三〇ほどに分派しています。そのほとんどが新内協会（一九五九年設立）に属し活動しています。

二〇一一年には、若狭掾と、冨士元派六世家元新内仲三郎が、揃って人間国宝に認定されました。

また新内流しは、昭和の中頃くらいまでは、花柳界などで普通に見られましたが、今では新内節の演奏家によって、デモンストレーション的に行なわれているのみのようです。

清元節

豊後路清海太夫は富本節から独立した翌年、中村座で『再春菘種蒔《またくるはるすずなのたねまき》』（通称「舌出三番叟《さんばそう》」）を長唄と掛合いで勤めました。その後清元《きよもと》延寿太夫と改め、清元節を樹立しました（一八一四年）。

襲名披露は市村座の顔見世『御摂花吉野拾遺《めぐみのはなよしのしゅうい》』（通称「女夫狐《めおとぎつね》」）で、相三味線は鳥羽屋改め清沢万吉です。

延寿太夫の清元節は、豊後節の扇情性を彷彿とさせる節回しに、粋な味が加わった、何ともいえない江戸前の浄瑠璃です。しかもうっとりするような美声です。

豊後節弾圧後に名前を変え、分派した富士松薩摩・常磐津文字太夫・富本豊志太夫たちは、豊後節の扇情的な部分を極力排し、高尚重厚路線に方向転換をしました。

ですから松江藩の殿様がパトロンに付いたり、御殿女中の必須科目にもなったりしたのですが、延寿太夫はそんなこととは無縁の時代に生まれています。

延寿太夫が生まれる三七年も前に豊後掾は世を去っています。彼が豊後節など知るよしもないのですが、彼は師匠富本延寿の節の中に、豊後節の匂いを嗅ぎ取ったのでしょう。

豊後系浄瑠璃から一番後に生まれた清元節が、豊後節に一番似ているというのも面白い現象です。

豊後節に夢中になった江戸人の記憶が、まるで先祖返りしたかのような清元節に魅かれてしまうのは、至極当然のことだったのでしょう。

江戸っ子の代表大田蜀山人《おおたしょくさんじん》は、延寿太夫の胸のすくような江戸前の浄瑠璃に惚れ込み、一度で贔屓になったといいます。

蜀山人は先年焼失した吉原の復興を祝って、「北州《ほくしゅう》」（吉原の異名）という歌詞を書き、川口お直《なお》に作曲させています（一八一八年）。この曲は清元の名曲として現在も人気です。お直は吉原の芸者上がりで、両国の川口という有名料理茶屋の女将です。清元が生まれてまだ四年目なのに、すでに清元三味線の名人といわれた人物です。

清沢万吉も延寿太夫のために次々と作曲し、ヒットを飛ばします。

まずは「女太夫《おんなだゆう》」（一八一六年・中村座）。そして「保名《やすな》」（一八一八年・都座）・「鳥羽絵《とばえ》」（一八一九年・中村座）・「玉兎」（一八二〇年・中村座）・「子守」（一八二三年・森田座）などが続きます。

この時代は化政時代といわれる江戸文化の爛熟期にあたります。徳川は十一代、天下は泰平。世の中は江戸っ子気質全開の、繁栄の極にあります。

軽妙洒脱で、いなせで婀娜《あだ》な清元節は、まさにそんな時代が生んだ浄瑠璃といえるのです。

芝居でも、鳶《とび》の者・願人坊主《がんにんぼうず》・芸者など、市井《しせい》の人たちを題材にした、少々悪ふざけの「ケレン物」という舞踊が持て囃された時代です。地を勤める清元節は、またたくまに江戸中を席巻しました。

人気絶頂の延寿太夫は、三代目坂東三津五郎の「傀儡師」の舞台で、延寿斎と改めました（一八二四年・市村座）。

ところが翌年、芝居の帰路何者かに襲われ、腹を刺されて死んでしまったのです。まだ四十九歳という若さです。

犯人は人気を妬んだ富本節の関係者か、という噂が飛びましたが真相は闇の中です。

二世延寿太夫は、息子の栄寿太夫が継ぎました。彼も初世に劣らぬ美声で一世を風靡、清元節の地位をゆるがぬものにしました。相三味線は引き続き清元斎兵衛（清沢万吉改め）です。

延寿太夫は客受けをねらってのことでしょうか、巷で大流行の端唄《はうた》（後述）を清元節の曲中にはさみ込むという趣向を思いつきました。これが大いに受けたので、それからは一幕物の新曲には必ず端唄を入れるということが慣例になりました。

この時期、長唄にも「春の色」（一八三三年・四世杵屋六三郎作曲）という端唄風の曲が作られています。


延寿太夫は晩年太兵衛と改名しました。太兵衛には男子がいませんでしたが、次女の清元お葉《よう》が大変な才能を発揮しました。お葉は子供の頃から次々と端唄を作曲し、彼女の曲は、清元調のテンポの早い江戸小唄（後述）の先駆けとなりました。

太兵衛没後、お葉は女ゆえ名を継ぐことができず、二世の門弟が三世を継いだのですが、早逝したため、お葉の婿養子が四世延寿太夫を継ぎました（一八五八年）。相三味線は二世清元梅吉や清元順三です。

四世は戯作者河竹黙阿弥と親しく、また黙阿弥は清元節が大の好みでしたので、延寿太夫のために清元節の曲を一〇〇曲近くも書いたといわれます。

黙阿弥作詞・順三作曲の「流星」（一八五九年・市村座）には、「小町思えば」「わがもの」「一声は」という端唄が挿入されています。黙阿弥はほかにも世話狂言などに端唄を多く使っています。

お葉夫婦には男子がなく、清元菊寿太夫（二世延寿太夫門弟）の弟子、三世榮壽《えいじゅ》太夫を養子に迎えて五世延寿太夫を継がせました。襲名披露の曲は、書家永井素岳作詞・梅吉作曲の「青海波」（一八九七年・歌舞伎座）です。

五世は東京本所の生まれですが、わけあって義理の伯母にあたる横浜富貴楼の女将、お倉のもとで育ちました。

富貴楼は伊藤博文・大久保利通・大隈重信など、そうそうたる明治の元勲や財界の大御所が出入りする、待合政治のルーツとなった料理茶屋です。

五代目尾上菊五郎や、九代目市川団十郎などのめんどうもみたお倉は、豊富な人脈を操り、花柳界一の女傑といわれました。

五世は子供の頃芸者の語る清元節に魅せられて、十五歳で菊寿太夫に入門したといいます。

そんなお倉に育てられた五世は美声で名人の誉れ高く、また養子に入るまで三井物産に勤めていましたので博識・博学でもありました。

彼は化政期の退廃的な曲調を、明治という高尚趣味な時代に合うよう上品なものに改めました。また清元節を上流社会に普及させるために、素《す》浄瑠璃の「清元会」も立ち上げました。

四世・五世の相三味線を勤めた二世梅吉が没すると、息子が直ちに三世梅吉を襲名し、延寿太夫の相三味線となりました。

この時延寿太夫は五十歳で、梅吉は二十三歳です。延寿太夫は息子のような梅吉に何かと厳しく接したのでしょうか。始めは我慢していた梅吉でしたが、ついに堪忍袋の緒を切らし、独立して清元流（梅派）を立ち上げたのです（一九二二年）。

この時、延寿太夫の方は、住まいの地名を取って高輪派と称し、宗家を名乗りました。しかし力関係からいっても宗家筋が強いに決まっています。梅派は歌舞伎出演から遠ざかり、舞踊の地方や素浄瑠璃に活路を見いだしました。その後梅吉は孫に名前を譲り、二世寿兵衛を襲名します。

五世延寿太夫が没した時、六世を継ぐ孫の五世栄寿《えいじゅ》太夫はまだ十八歳でしたので、大番頭の志寿《しず》太夫が補佐役に就き社中を統率しました。

志寿太夫は百歳まで現役で舞台に立ちましたので、長寿にあやかろうとその姿を拝んだ客もいたといいます。

高輪派・梅派はその後和解を見ることはありませんでしたが、外部の仲立ちにより両派合同の清元協会が設立され一応の収束をみました（一九六四年）。ところがその後またしても梅派が離脱し、協会は高輪派のみの構成となりました。

高輪派では、六世延寿太夫没後、次男が七世を襲名しました。梅派は三世梅吉の寿兵衛没後、孫が四世梅吉を襲名し、二代目家元を継承しました。

時は流れ二〇一〇年、NHKエンタープライズの企画により、国立劇場で七世延寿太夫と、四世梅吉の共演が八八年振りに実現しました。

満員御礼の盛況に、少しわだかまりが解けたのでしょうか、翌年梅派が協会に戻り、両派合同で再スタートを切りました。

二〇一四年には清元節が重要無形文化財に指定され、清元節保存会が保持団体として総合認定されました。

第九章

長唄を創った人たち

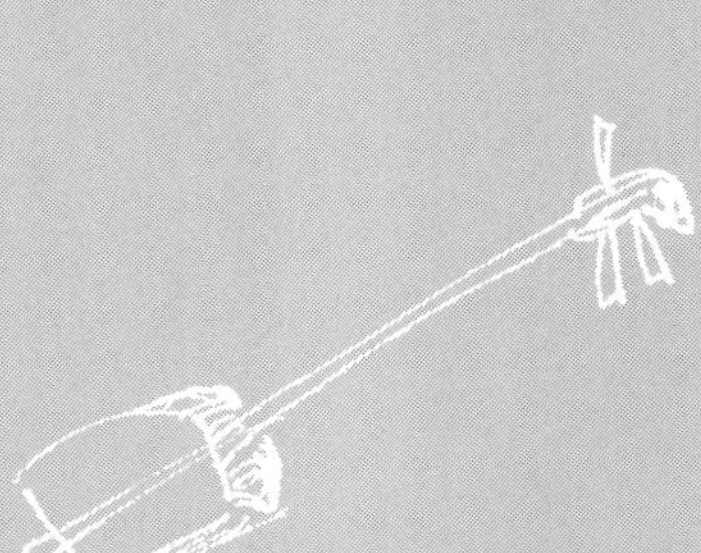

原　武太夫

徳川宗春の吉原案内人ともいえる原武太夫《はらぶだゆう》は、尾州藩の御留守居与力を勤めた御家人です。

留守居役というのは藩の外交官のようなもので、他藩の留守居との情報交換や、自藩内の連絡や調整などが主な仕事です。

情報交換は主に遊廓や料理茶屋などで行なわれましたので、彼らはその方面に通じている遊び人が多いのです。

当時吉原にはまだ芸者も幇間《ほうかん》（男芸者）もいませんので、客は自前で役者や芸人・噺家などを連れて行きました。浄瑠璃から長唄・小歌まで何でもこなす武太夫は宗春にとって格好の幇間です。

武太夫は武士の子ですから剣術もよくしますが、子供の頃から三味線が好きで、土佐節・外記節《げきぶし》・義太夫節などの浄瑠璃を習い、一中節・半太夫節は創始者本人から、河東節は山彦源四郎から習ったという筋金入りです。

長唄は七世杵屋喜三郎・松島庄五郎・岡安小三郎らに習い、岡安原富《はらとみ》という芸名も持っています。

吉原と堺町（中村座・市村座）を遊び場とする武太夫は、毎日のように芝居小屋の囃子部屋に通い、気が向けば長唄の地方《じかた》（伴奏者）や浄瑠璃太夫の相三味線を勤めるという、プロ同然の三味線マニアです。

武太夫はその走りですが、彼のあとに続く旗本の二男坊・三男坊は多く、囃子部屋に刀掛けがあるのはそのためといわれています。

〝遠山の金さん〟で知られる遠山金四郎もその一人です。彼は芳村金四郎という名で囃子部屋に出入りしていたといいます。

芝居小屋としては彼らがありがたいのか、迷惑なのかは分かりませんが、相手は武士です。芝居関係者はみな囃子部屋の前を通る時は頭を下げ、いざ彼らが出演となると、役者がわざわざ挨拶をしに下座《げざ》（演奏をする場所）に出向いたといいます。

江戸時代初期、歌舞伎が生まれてしばらくは、歌舞伎役者は河原乞食といわれ身分の低い立場にありました。元禄（一六八八〜一七〇四年）以降、役者は商家の権利を買って、店持ち町人の身分を得たのです。

もちろん市川団十郎の成田屋がその始めで、濱村屋・加賀屋などの役者の屋号は、兼業していた店の名前というわけです。

武太夫は宗春が遊女春日野を身請けし、国元が規制強化されたことに責任を感じたのでしょうか、その年（一七三六年）に断絃を決意します。四十歳でした。

八月一五日、深川富岡八幡宮の放生会《ほうじようえ》の夜、武太夫は弟子で一中節の三味線弾き高木序遊《じよゆう》を牛込清水町の自邸に招きました。そして恐らく古近江でしょう、愛用の三味線を譲り、残りの三味線や稽古本などを庭で焼き払い、三味線と決別したのです。

しかし決別といっても座興では弾いたようですし、元祖三味線ご意見番として、若い芸人を呼んでは芸の蘊蓄《うんちく》も傾けたことでしょう。そして『断絃余論』『奈良柴』などの著書を残し、九十六歳で大往生をとげました。

上村作十郎（メリヤス）

メリヤスというのは、長唄の範疇にある数分の短い曲をいいます。

歌舞伎の進行上、せりふのない場面で演者の心情を表現する効果音楽として、黒御簾《くろみす》の中で演奏されます。基本的に独吟《どくぎん》で、囃子などは入りません。

メリヤスは長唄黎明期に上方で発生したぬめり（上方遊里の流行歌）が元になっていますので、三下《さんさが》りで陰気、きわめてスローテンポでシンプルな曲調が特徴です。これが天皇の御座所、京の気質であり、当時の時代のテンポだったのでしょう。

メリヤスの始まりは上村作十郎が作曲した「しぐれがさ」といわれています。上方の女方瀬川菊之丞は『けいせい満蔵鑑《まくらかがみ》』（一七二八年・京南側芝居）の中で、「しぐれがさ」を「無間《むけん》の鐘」と題し、傾城金山が手水鉢《ちょうずばち》を柄杓《ひしゃく》で打つという場面に使いました。

三味線は上村作十郎、唄は坂田兵四郎《へいしろう》です。これが大ヒットし、菊之丞は女方最高位のランクに上がりました。

その後兵四郎と菊之丞は江戸に下り、中村座と契約します。菊之丞は『傾城福引名古屋』で「無間の鐘」を再演（一七三一年）し、江戸でもヒットを飛ばしました。

原武太夫が、ぬめりなるものを知ったのはこの時が初めてではないでしょうか。自分の引き出しにない、三下りの不思議な曲調に驚いたといいます。

江戸ではいつの頃からか、ぬめりという名称がメリヤスに変わるのですが、それにはいくつかの説があります。

兵四郎直伝の「無間の鐘」を、武太夫が吉原の座敷で披露したであろう時、あまりにも陰気臭い曲調に、はからずも遊女が言った「滅入《めい》りんす」が「メリヤス」になったという説。

メリヤスは役者の動きによって、臨機応変に長さを伸ばしたり縮めたりしますので、それが伸縮性のあるメリヤス布地を連想させた、という説などがあります。

江戸でメリヤスという言葉が使われ始めたのは、坂田仙四郎（兵四郎の江戸での弟子）の独吟「華のえん」（一七五三年・中村座）からです。それまではぬめりとメリヤスが混在していたと思われます。

メリヤスはほとんどが三下りですが、それは三下りが上方の調子だからです。坂田兵四郎が菊之丞のために作った曲もみな三下りです。

のちに江戸の三味線弾きが作曲するようになると、二上《にあが》りや本調子《ほんちょうし》のメリヤスが作られますので、メリヤスは三下り、という概念は崩れます。

坂田兵四郎・松島庄五郎

伝存する長唄の嚆矢《こうし》は「無間鐘新道成寺《むけんのかねしんどうじょうじ》」（通称「傾城《けいせい》道成寺」）です。

これは瀬川菊之丞の「無間の鐘」の後日談として、江戸中村座で演じられたものです。長唄は坂田兵四郎。三味線は中村座の囃子頭、七代目杵屋喜三郎です。

「道成寺」は能が先行芸能です。道成寺の鐘供養《かねくよう》に現れた白拍子《しらびょうし》が、供養の舞いを舞いながら鐘に近づき、隙《すき》を見て鐘を落としてその中に入ります。僧たちの祈りで鐘が引き上げられると、執念の権化と化した蛇体が現れ、いどみかかりますが、やがて祈り伏せられ、日高川に飛び込んで消え失せるというもので、眼目は「鐘入り」です。

菊之丞は引き上げられた鐘の中から、蛇ではなく、前帯姿もしどけない傾城（最高位の遊女）を出そうと考えたのです。

鐘の中から出るのは蛇に決まっているのですから、まさか傾城が出ようとはお釈迦様でもご存知ありません。それに傾城は江戸の男たちの憧れの存在です。

これは大受け大当たりでした。大入り札止めが続き「傾城道成寺」は三ヶ月のロングランを打ちました。

菊之丞と兵四郎が次に出した所作は、『夕霞浅間嶽《ゆうがすみあさまがたけ》』の「風流相生獅子《ふうりゅうあいおいじし》」（一七三四年・中村座）です。これも能の「石橋《しゃっきょう》」の趣向を借りたものです。

石橋とは中国の三大霊場の一つ、清涼山《せいりょうざん》（五台山）の山頂にある、自然にできた石の橋をいいます。橋の向こうは文珠菩薩の浄土とされていますが、いまだかつて橋を渡って菩薩を拝んだ者はいません。橋の番をするのは文珠の眷属《けんぞく》、獅子です。

菊之丞は前場『夕霞浅間嶽』で死んだ傾城奥州の亡霊を、文珠の聖地清涼山に出そうと考えたのです。

昔の歌舞伎は通し狂言で、一狂言に一場は必ず女方の所作がはめ込まれました。今では見取《みどり》狂言といって、幾つかの違う狂言を組み合わせて、番組が組まれます。必然的に所作は前場に関係のないものになってしまうのですが、本来はこのように狂言全体の一部分として所作があったのです。

ですから『夕霞浅間嶽』で傾城奥州を演じた菊之丞が、「風流相生獅子」の所作では、獅子の精に扮した亡霊となって登場するというわけです。

『夕霞浅間嶽』を語った一中節と、菊之丞の石橋の所作は古今無双の大当たりを取り、四ヶ月のロングランを打ちました。これがきっかけとなり江戸中に一中節が大流行したのです。

『夕霞浅間嶽』を作ったのは原武太夫といわれていますから、案外彼が地を弾いたのかもしれません。

中村座での契約を終え、市村座に移籍した菊之丞と兵四郎が、その年の顔見世に出したのが「二人椀久《ににんわんきゅう》」です。

この所作で菊之丞は能装束の肩脱ぎの手法を借りました。傾城松山が黒羽織を着て片方の袖を肩脱ぎする。脱いだ方が松山で、もう片方は椀久という一人二役の趣向です。

この時はちょうど宮古路豊後が「名古屋心中」を持って江戸の芝居に乗り込んだばかりで、流行に敏感な深川の踊子たちが、早くも豊後節の太夫の着る羽織を着始めた頃です。遊女に黒の羽織を着せるというのは、まさに時流に乗った演出だったのでしょう。

また菊之丞の一人二役をより明瞭にするために、椀久の時は松島庄五郎が、松山の時は兵四郎が唄いました。

庄五郎はもと四谷の青物市場の呼び込みでした。あまりにも声がいいので、薦められて長唄に転向したといいます。ほんの一〇年ほどで、人気絶頂の唄うたいになりました。

タテ三味線弾は杵屋宇右衛門ですので、作曲は彼ら三人の合作でしょう。

庄五郎はこの曲で、鼓だけを伴奏に唄う鼓唄《つづみうた》や、謡《うたい》ガカリ（謡曲風な唄い方）という斬新な手法を編み出しました。

一方、兵四郎は江戸の調子二上りと、上方の調子三下りを同じ曲にはめ込むために、地歌で使われている転調という手法を使いました。

庄五郎・兵四郎掛合いの「二人椀久」は大当たりを取り、この二人によってようやく長唄が流行り始めるのです。

宇右衛門が市村座の脇狂言「七福神」を作ったのはこの頃かもしれません。

本調子→二上りと、転調になるところは「二人椀久」の影響を受けたとも考えられます。

菊之丞は二度目の江戸下りの時に兵四郎と一緒に、「無間の鐘」を作った上村作十郎を伴いました（一七四一年）。作十郎は七代目杵屋喜三郎門下となり、杵屋作十郎と改名します。

彼らが次に出したのが「英《はなぶさ》獅子乱曲《ししのらんぎょく》」（通称「枕獅子」・一七四二年・市村座）です。女方の所作ですので前半は傾城姿で、後半はその傾城が後ろに長く垂らした毛をつけ、獅子の精となって清涼山の石橋に現れるという趣向です。

「枕獅子」が現在も人気の「鏡獅子《かがみじし》」（一八九三年・歌舞伎座初演）の原型です。また「連獅子」（一八六一・一八七二年の二曲あり）の眼目ともいえる、紅白の長い毛を振り回す毛振りの手法も、この曲にヒントを得て作られたのです。

菊之丞と兵四郎が創り出す所作と音曲のヒットで、黎明期の江戸長唄の骨格が形作られていきました。しかしこの時期の長唄は、上方の芝居歌やはやり歌などの寄せ集めですので、まだまだ上方色の濃い曲調です。

歌舞伎の演目は、吉例曾我狂言のように、同じ内容のものでも趣向を変えながらバリエーションを広げていくというのが特徴になっています。

著作権などありませんから、当たるとなるといいとこ取りでどんどん上書きされていきます。ですから当然後発の物ほど洗練されて面白くなり、それが最新バージョンとして残っていく、ということになるのです。

また、曾我物・獅子物・道成寺物・浅間物など、同類項の曲が多いのは、古くなった作品も再演や伝承を繰り返しながら、遺棄されることなく残ってきたからです。

瀬川菊之丞の「傾城道成寺」は道成寺物の嚆矢ですが、その後に出た「京鹿子《きょうがのこ》娘道成寺」に人気の座を奪われてしまい、「傾城道成寺」は忘れ去られるのです。

「京鹿子娘道成寺」は中村富十郎が菊之丞の「百千鳥《ももちどり》娘道成寺」（一七四四年・中村座）をヒントに、「あやめ道成寺」の秘伝などを取り入れて創ったものです。

富十郎は大坂の名女方芳沢あやめの三男で、「あやめ道成寺」は芳沢家のお家芸なのです。

●ちょうどこの頃、宮古路豊後掾の弟子たちが豊後節を離れて、独立し始めました。宮古路姓を名乗っていては、さらなる弾圧に遭わないとも限らないからです。

その始めが長老の宮古路加賀太夫です。加賀太夫は富士松薩摩と改名して、富士松節を樹立しました（一七四五年）。

次に続いたのが宮古路文字太夫です。彼は常磐津文字太夫と改名して、常磐津節を樹立します（一七四七年）。そして翌年文字太夫と行動を共にした小文字太夫が富本豊志太夫と改名して富本節を樹立しました（一七四八年）。

富十郎の十八番《おはこ》となる「京鹿子娘道成寺」の初演は京嵐三右衛門座です（一七五二年）。この時すでに女方として未曾有《みぞう》のランクにいた富十郎の「京鹿子娘道成寺」は大評判となり、二ヶ月のロングランとなりました。

その年の秋、江戸に下った富十郎は、翌年中村座の初春狂言『男伊達初買曾我《おとこだてはつがいそが》』の三番目で「京鹿子娘道成寺」を再演しました。

タテ唄は吉住小三郎、タテ三味線は杵屋の大番頭、杵屋弥三郎です。坂田兵四郎の弟子仙四郎や、杵屋作十郎も出ています。

小三郎はもと大坂住吉神社の楽人だったのですが、十七歳の時に江戸に出て、六代目杵屋喜三郎に入門しました。芸名は住吉を逆さにして、吉住と洒落たのでしょう。

この頃はちょうど町娘の間で踊りがブームになっていました。富十郎はこの踊りを娘たちに流行らせようと思い、あえて易しい振りを付けたといわれています。

富十郎の思惑は大当たりで、「京鹿子娘道成寺」は三ヶ月ものロングランとなりました。このヒットを祝って、楽屋内で行なわれていた曾我祭が舞台で大々的に行なわれるようになったのです。

●同じ年、常磐津文字太夫は市村座の顔見世で『芥川紅葉柵《あくたがわもみじのしがらみ》』を語り、大当たり大評判を取りました。これ以降、浄瑠璃を伴奏とする浄瑠璃所作が歌舞伎に割り込んでくるのです。

富十郎が次に出したのは「英執着獅子《はなぶさしゆうじやくじし》」（一七五四年・中村座）です。これは菊之丞の「英獅子乱曲」を焼き直したもので、やはり三ヶ月のロングランヒットとなりました。

富十郎は旅回りを旨とする役者でしたので、江戸・京・大坂・名古屋などの巡業先で繰り返し「京鹿子娘道成寺」を演じました。その数は生涯で一〇〇〇回以上にも及んだといいます。

そして再演のたびに無駄が削《そ》がれ、今日のような洗練された形が完成したのです。「京鹿子娘道成寺」の人気は二六〇年経った今でも衰えることを知りません。

富士田吉治・二世杵屋六三郎

坂田兵四郎・松島庄五郎のあとに続くのは、富士田吉治と二世杵屋六三郎です。六三郎は初世の実子です。

子供の頃の吉治は日本橋乗物町にあった色子宿、伏見屋の色子で、千蔵といいました。伏見屋の主人が都太夫和中という一中節の名取りでしたので、千蔵は小さい時から一中節を教え込まれました。

千蔵は十八歳の時佐野川万菊の弟子となり、二十二歳で初舞台を踏みました。その後千蔵は中村座の色子筆頭になったのですが、大した役も貰えません。

千蔵は役者には向いていなかったのでしょう、客に受けるのは舞台で一中節などを弾き語る時だけでした。

将来に見切りをつけた千蔵は、四十三歳の時に一中節の太夫に鞍替えしました。

しかし一中節の人気はすでに終っています。千蔵は一中節の太夫として過ごしながら坂田仙四郎に入門し、長唄の唄うたいに転向しました。

●この頃、富士松薩摩の弟子朝日若狭掾が、常磐津文字太夫の勢力に押されて芝居を離れました。彼は鶴賀若狭掾と改名して、吉原の座敷浄瑠璃に方向転換をしました（一七五八年）。

長唄に転向した千蔵の才能はたちまちに開花し、一年も経たないうちに市村座のタテ唄に大抜擢されました。革命児富士田吉治の誕生です。

吉治が市村座のタテ三味線、杵屋忠次郎と作った初めての曲が、五変化《ごへんげ》舞踊『柳雛諸《やなぎにひなしょ》鳥囀《ちょうのさえずり》』の「鷺娘」（一七六二年）です。

変化というのは、一人で何番も役柄を変えて踊るという所作の形式です。その早替りが妖怪変化のようだという意味で、変化物といわれます。

「鷺娘」で吉治は自分の美声を聴かせるために、鼓唄の手法を使いました。その後吉治は忠次郎の後任、錦屋惣治《にしきやそうじ》との合作で次々と新機軸を打ち出します。

まずは大薩摩節との掛合いによる「鞭桜宇佐幣《むちざくらうさのみてぐら》」。そして説経浄瑠璃で「夜鶴綱手《よるのつるつなで》車《ぐるま》」・本調子のメリヤス「とうがね」などです。

中村座に移った吉治は、タテ三味線、二世杵屋六三郎と組んで「関寺小町《せきでらこまち》」（一七六五年）や「春調娘七種《はるのしらべむすめななくさ》」（一七六七年）などを作りました。

六三郎は三下り全盛の時代にあって、「春調娘七種」を江戸の調子二上りで作り、また包丁で七種を刻《きざ》む音を模した、「七種の拍子の合方」を作りました。このようなリアルな長い合方は長唄史上初めてです。

六三郎も吉治と組むことで、大胆な発想に飛べたのかもしれません。また吉治の好みなのか、客が望んだのか分かりませんが、二曲とも鼓唄のオンパレードです。

そして再び市村座に戻った吉治は、タテ三味線杵屋作十郎と「教草吉原雀《おしえぐさよしわらすずめ》」（一七六八年）を作りました。この曲には表具節・半太夫節・投節などの浄瑠璃が取り入れられています。

この曲の半太夫節の一節を作ったのは原武太夫といわれています。武太夫はすでに断絃していますが、乞われれば作曲などもしたのでしょう。

「隈取安宅松《くまどりあたかのまつ》」（一七六九年）で吉治は唄浄瑠璃という、長唄と浄瑠璃の合体形式を編み出しました。

また、七変化『其形容七枚起請《そのすがたしちまいきしょう》』の「虚無僧《こもそう》」（一七七〇年）では、謡《うたい》ガカリ・セリフ調・一中節を取り入れるなど、吉治の作曲は奔放自在です。

吉治は天性の美声と並外れた技、また一中節の太夫だったという自負心から大鉈《おおなた》を振るい、まだ上方色の濃かった繊細な長唄を、江戸好みの浄瑠璃臭い長唄に作り替えたのです。それは吉治が没するまでのほんの十三年間のことです。

荻江露友（荻江節）

「長唄元祖名人」といわれた松島庄五郎は、富士田吉治と入れ替わるように表舞台から消えました。代わって登場したのが庄五郎の弟子といわれる、荻江露友《おぎえろゆう》です。

露友は津軽藩士の三男坊です。期待されない身分ゆえ芸事に遊び、恐らくは原武太夫のように芝居小屋に入り浸っていた口でしょう。

長唄の唄うたいになってからしばらくは、師匠と共に舞台を勤めていた露友ですが、師匠の引退後は芝居出演を止め、気が向けば大名や御贔屓のお座敷に出向くという気ままな暮らしを始めました。

一方、吉治の人気はうなぎ上りで、木戸口の呼び込みが「今は吉治じゃ」と呼び込むと、客が殺到したといいますから、どの座も吉治を欲しがりました。

吉治が中村座に移ったあと、タテ唄に困った市村座は、芝居から遠ざかっていた露友に掛け合いました。

露友は吉治と比べて声量は劣りますが、荻江風といわれる独特の唄い方に定評があります。

タテ三味線の錦屋惣治が、露友の機嫌を損ねないようにと作ったのが『世大坂二対女夫《よにおおさかにっいのめおと》』の「面かぶり」(一七六七年)です。

この曲は露友がすでに作曲していたものに、芝居用に少し手を入れたものです。「面かぶり」は結構評判となったのですが、いかんせん露友では吉治のように客は呼べません。惣治は責任を取ったのでしょうか、はたまた変わり者で知られる露友とそりが合わなかったのでしょうか、秋狂言を終えると引退してしまいました。

惣治のあとタテ三味線になった西川奥蔵は、顔見世の「六出花吾妻丹前《むつでばなあずまたんぜん》」で始めて露友の相三味線になりました。しかし奥蔵もなぜか引退してしまいます。

それが原因かどうかは分かりませんが、プライドの高い露友は金輪際《こんりんざい》とばかり芝居を引退し、吉原の座敷長唄に進路を変えてしまいました。

吉原では引き手茶屋での遊興が全盛で、吉原芸者も売れに売れていますので、吉原としても願ったり叶ったりでしょう。

●この頃、上方から三世宮古路薗八が江戸に下り、吉原で薗八節の普及を始めました。

一方、鶴賀若狭掾は、自分の新曲を巧く語ってくれる加賀歳を得て、吉原で敦賀節の普及に励みます。加賀歳は無類の美声の持ち主で、その技も天下一です。

加賀歳が若歳を経て二世鶴賀新内を名乗ってからは、新内節が吉原を席巻するのです（一七七七年頃）。

二世露友はあまり活躍もせず没しました。三世については不明ですが、吉原の妓楼玉屋の楼主、山三郎《やまさぶろう》が継いだという説があります。

山三郎はなかなかの音曲通だったようで、荻江節を改良し、吉原に荻江節の名取り芸者をたくさん出しました。

吉原では長唄をやる男芸者でも、杵屋や吉住などの長唄姓を名乗ることが許されませんでした。彼らはみな荻江姓を名乗りましたので、吉原には荻江姓の男芸者が多いのです。長唄が吉原という色里でもまれ、吉原好みの座敷芸にカスタマイズされたものが荻江節とでもいえるでしょうか。

また山三郎の代に、三味線弾き荻江里八によって「八島」「鐘の岬」などが地歌から移され、荻江節に地歌色が加わりました。

山三郎没後、四世露友を継いだのは深川の豪商近江屋喜左衛門です。その襲名披露に作られたのが「四季の栄」です。

荻江節は四世の代に、今日のような江戸前の繊細でお洒落な芸風になったといわれています。

荻江節家元を名乗り始めたのも四世からです（一八七九年襲名）。従来、何々節と付けば浄瑠璃に決まっているのですが、荻江節は長唄から派生したにもかかわらず、座敷浄瑠璃臭の強い芸風になったので、「節」を付けたのではないでしょうか。

荻江節の古典は現在四六曲ほどが伝えられています。四世の代に新曲として作られたのが今も人気の「深川八景」です。


四世没後は妻いくが家元代理の立場となり柳橋で教えていました。しかし、いく没後は弟子の荻江ひさ・うめ姉妹により花柳界で細々と続けられるだけでした。

一九〇八年、明治座で歌舞音曲大会が催された時、二人は初めて劇場で「深川八景」と「八島」を演奏しました。これが邦楽通の目にとまり、荻江節が再評価されるきっかけとなったのです。

ひさには荻江露章《ろしょう》という弟子がいました。露章は姉弟子荻江寿々《すず》（後、寿友《じゅゆう》）の相三味線を勤め、次期家元を嘱望されていました。ところが露章が襲名をせぬままこの世を去ったため、妹のすゑに白羽の矢が立ったのです。

すゑは、箏・鼓・長唄・河東節・清元節・荻江節などに堪能で、日本画家の前田青邨《せいそん》夫人でもあります。するは長い間固辞し続けていたのですが、周りの熱心な薦めに負け、荻江節再興のためにならと、五世を継ぎました（一九五六年）。

この頃、河東節・一中節・宮薗節・荻江節など後継者が稀少になった三味線音楽は、「古曲鑑賞会」が中心となって伝承・普及活動をしていました。するはこの古曲鑑賞会に属していませんでしたので、するの五世襲名に反対する連中が「荻江節真茂留《まもる》会」を結成しました。

図らずも対立する形となってしまった五世家元は、ただちに荻江節研究会「真守《しんじゅ》会」を立ち上げました。そして襲名披露を兼ねた演奏会を、帝国ホテルの演芸場で開催したのです（一九五七年）。

五世には実力も政治力もあります。邦楽界の一流演奏家を傘下に入れ、地盤を固めた五世は、荻江節を見事に復活させました。

その後財団法人「古曲会」が創設（一九六二年）され、両者の対立は解消されました。五世が世を去った年に荻江節保存会が設立され、重要無形文化財保持団体に総合認定されました（一九九三年）。

そして寿友の養子晃が二世荻江寿友を襲名し、家元になりました。

寿友は二〇一一年に世を去り、現在家元は空席ですが、荻江節は長唄・清元・河東節などの演奏家が兼業して伝えています。

初世杵屋正次郎・初世杵屋佐吉

富士田吉治のタテ三味線を弾いていた二世杵屋六三郎には、杵屋正次郎や杵屋佐吉など優秀な弟子がいました。

正次郎は独楽《こま》の曲芸、松井源水一座の三味線弾きでした。浅草奥山でそれを見た六三郎が、あまりの巧さに驚いて彼を引き抜いたのだといいます。

大道芸人ですからちゃんとした稽古も受けず、ほぼ独学のようなものだったのでしょうが、そういう連中でも昔は巧い三味線を弾く者がいたのです。

長唄に転向した正次郎は、大抜擢で中村座のタテ三味線になりました。

正次郎作曲の「羽根の禿」（一七八五年・桐座）・「手習子」（一七九二年・河原崎座）などは今も舞踊で人気のある曲です。

「木賊刈《とくさがり》」（一七九七年・都座）では、謡曲を得意とするタテ唄松永和風《わふう》の声を聴かせるために、正次郎は全曲の半分ほどを鼓唄仕立てにしています。

一方の佐吉は正次郎に遅れること三年で、中村座のタテ三味線になりました。代表曲は「蜘蛛《くもの》拍《ひょう》子《し》舞《まい》」（一七八一年）です。これは常磐津節『蜘蛛絲《くものいと》梓《あずさの》弦《ゆみはり》』の「切禿《きりかむろ》の段」をアレンジしたもので、大薩摩節との掛合いで作られました。

タテ唄は吉治の弟子音蔵で、大薩摩節は三世大薩摩主膳太夫です。「拍子舞」というのは役者が唄いながら踊るという、一種のラップのようなもので、当時芝居で流行っていたのでしょう。

正次郎は同じ拍子舞の趣向で「鬼次《おにじの》拍《ひょう》子《し》舞《まい》」（一七九三年・河原崎座）を作曲しています。

二世六三郎には子供がいませんでしたので、没後八代目杵屋喜三郎の養子、二世三郎助が、六三郎の三世を継ぎました。

その後喜三郎に実子が生まれ、九代目喜三郎を襲名しました。そこで六三郎は、八十余年途絶えていた六左衛門の名を復活し、別家を立てて九代目六左衛門を襲名しました。六三郎の名はこの時一時遺棄されたのです。

九代目杵屋六左衛門・二世杵屋正次郎

化政期（一八〇四〜三〇年）は、変化物が大流行した時代です。わけても名人と謳われた三代目坂東三津五郎と、三代目中村歌右衛門の変化舞踊は大人気でした。両者の東西対決が、贔屓《ひいき》連を巻き込み、二派に分かれて芝居町を沸かせます。

一八一一年三月、市村座は三津五郎の七変化、『七枚続花姿絵《しちまいつづきはなのすがたえ》』です。この中のひとつ「汐汲」はいまなお人気で、坂東流では大事な曲となっています。作曲は初世の実子二世杵屋正次郎で、唄は二世芳村《よしむら》伊十郎（後、三世伊三郎）です。

中村座は歌右衛門の変化物でしたが、三津五郎に客を持っていかれ劣勢でした。そこで中村座は急遽演目の変更を決め、九代目杵屋六左衛門にたった一日で七曲を作らせました。

そして数日後にドンと出したのが、七変化『遅桜手爾波七字《おそざくらてにはのななもじ》』です。この中のひとつが不朽の名作「越後獅子」です。

江戸の町は今まさに、越後から出稼ぎに来た角兵衛獅子のシーズンです。角兵衛獅子がふらりと中村座の舞台に現れたという趣向と、歌右衛門が一本歯の下駄をはいて細長い薄布をゆらゆらと振り回すという布晒しの趣向が受け、中村座は見事に客を取り返しました。

この時のタテ唄は富士田千蔵です。吉治の子で父同様に美声が売りです。

変化物は少なくて三変化、多くて十二変化もありますので、一興行にたくさんの曲が必要となります。ですからこの時代、長唄だけでなく他の浄瑠璃もどんどん曲を作りました。それが時代のふるいに掛けられ、残った曲が再演されながら今日まで伝わっているのです。

長唄だけでおよそ七〇〇曲以上残っているといわれます。その中でポピュラーなのが、二五〇曲ほどでしょうか。

正次郎は翌年九月の歌右衛門御名残《おなごり》狂言で、「舌出し三番叟」を富本節から独立したばかりの、豊後路清海太夫との掛合いで作っています。

●豊後路清海太夫としての出演はこの一曲のみで、彼はその後清元延寿太夫と改めて、清元節を樹立します(一八一四年)。

四世杵屋六三郎・四世杵屋三郎助

九代目杵屋六左衛門が没した時、次男の四世杵屋三郎助（後、十代目六左衛門）は舞台デビューしたばかりの十八歳でした。しかし彼は父に英才教育で仕込まれていましたので、この時すでにして大物の風格が漂っていたといいます。

一方、九代目六左衛門が遺棄して十一年も経つ杵屋六三郎の名は、初世杵屋正次郎門弟の長次郎に譲られ、四世として復活しました。

長次郎は板橋の宿屋の次男坊で、母の手ほどきで三味線を初め、六歳にして三味線の調子を合わせることが出来たという俊才です。

長次郎は十八歳で中村座にデビューし、二十八歳で襲名と同時に森田座のタテ三味線になりました。

この時代は四世六三郎と、四世三郎助によって長唄が隆盛するのですが、六三郎の方が二十歳も年上です。六三郎は、当然の如く後輩の三郎助に目をかけ、七代目市川団十郎の「不動」（一八二一年・中村座）では三郎助に上調子を弾かせています。

「不動」は大薩摩節で作られました。大薩摩節は二〇年も前に途絶えていますが、成田屋にとって「不動」は特別の演目です。

これは是非とも荒事所縁《ゆかり》の大薩摩節でやりたい、ということで団十郎は朋友の六三郎に作曲を依頼したのです。

六三郎は大薩摩四十八手を駆使して作曲、見事大薩摩節を復活させました。

浄瑠璃太夫は二世大薩摩文太夫《ぶんだゆう》です。彼は三世大薩摩主膳太夫の弟子、富士田新蔵です。長唄の唄うたいですが、大薩摩節を語るにあたって、主膳太夫の前名文太夫を継いだのです。

負けず嫌いの三郎助は、六三郎が大薩摩節を復活させたことが面白くなかったのでしょう。日本橋の魚商中村八兵衛が預かっている大薩摩節の家元権を手に入れるべく、密かに八兵衛と交渉を始めました。そして預かり受けることに成功したのです。

家元権を手にした三郎助は早速、大薩摩筑前大掾《ちくぜんのだいじょう》と名乗り、家元宣言をしました。そして富士田千蔵門下の勘右衛門に三世文太夫を継がせ、大薩摩節専門の太夫に据えました。三郎助はこの時まだ二十六歳です。

六三郎は母の傘寿《さんじゅ》（八十歳）の祝いに「老松《おいまつ》」（一八二〇年）を作曲しました。

この時代（化政期）は町人文化が栄え、江戸は空前の繁栄期にありました。宵越しの銭など持たない江戸っ子にとっては、いかに粋に金を使うかが最大の関心事でした。色町に遊びにいく時は金をかけて目一杯お洒落をしたといいます。

また、江戸っ子の面目を保つには遊芸の心得が必要で、浄瑠璃や長唄の一つや二つ出来なければ肩身が狭かったのです。

ですから各町内には必ず一人や二人は女師匠がいたといいます。この頃の江戸には一八〇〇もの町があったといいますから、単純計算で江戸中に三六〇〇人もの師匠がいたことになります。

昔は基本的に毎日稽古です。そして一段（一曲）が終わると、皆の前で仕上がりを聴いてもらいます。これをあげ浚《ざら》いといい、月に一度は弟子全員の月浚いがあります。さらにお弾き初《ぞ》めや浴衣浚い、また年に一度は大きな料理茶屋を借りての大浚いがあります。

「老松」はこういう時代に生まれました。ですから「老松」は料理茶屋で披露され、「鑑賞用長唄」の嚆矢となったのです。

六三郎はまた「吾妻八景《あずまはっけい》」（一八二九年）という、画期的な曲を作りました。この曲は本来浄瑠璃系三味線に使われる、上調子《うわぢょうし》を入れています。そして、本調子→二上り→三下りと二回転調し、「佃」「砧《きぬた》」「楽《がく》」という三つの長い写実的な合方が入ります。

まさに芝居の束縛から解き放たれた伸び伸びとした作曲です。

初演時に上調子を弾いたのは、弟子の初世杵屋六四郎のようです。彼は若干十八歳ですが、六三郎自慢の弟子です。

六四郎は二十九歳で中村座のタテ三味線となり、「三国妖狐物語《さんごくようこものがたり》」上・中・下段や、「草紙洗小町《そうしあらいこまち》」（一八五〇年）などの大曲を作っています。

六三郎の代表曲は何といっても「勧進帳」（一八四〇年・河原崎座）でしょう。

五代目市川海老蔵（七代目団十郎改め）は、元祖市川団十郎生誕一九〇年の記念興行に「勧進帳」を出すことにしました。

「勧進帳」は能の「安宅」が原曲です。すべからく本物志向の海老蔵は、これを出来うる限り能に近い演出でやりたいと思い、能役者や狂言師を交えて筋書きを練りました。そして地《じ》（伴奏）は荒事の大薩摩節でいくことに決めました。

この時すでに三郎助は大薩摩筑前大掾という、大薩摩節の家元です。それにもかかわらず、海老蔵はあえて朋友六三郎に作曲を依頼したのです。

六三郎は三郎助をはばかり、大薩摩節の定型フレーズは少し変え、若い頃に習った一中節の「安宅勧進帳」に入っていた半太夫節・説経節などを取り入れて、三ヶ月もかけて作曲しました。

さて誰が演奏するかですが、この年六三郎は、岡安喜代八とともに市村座の契約です。海老蔵の出演する河原崎座は、息子の二世長次郎と三世芳村伊十郎です。

海老蔵は作曲者六三郎に弾いて欲しいに決まっています。そこで「勧進帳」だけ六三郎を別雇いすることにしたのですが、河原崎座のタテ唄伊十郎が喜代八のワキは嫌だといい出したのです。さりとて六三郎と組んでいる喜代八を伊十郎のワキにするわけにもいかない。二人とも天保の名人と謳われているのでプライドが高いのです。

そこで苦肉の策として、喜代八と伊十郎のそれぞれがタテを勤めるという、変則的な両タテ形式が考えられました。

ところがこれが好評、瓢箪から駒で今でもこの形が継承されています。

六三郎は「勧進帳」を最後に息子長次郎に名を譲り、六翁《ろくおう》と改名して芝居を引退しました。やれやれと思ったのも束の間、息子六三郎が急死してしまったのです。六翁は弟子の六之助を娘六の婿養子に取り、六三郎の六世を継がせました。ところが何としたこと、今度は六が病死です。

そこで六翁は次女せいを六三郎の後妻に据え、六の二世を継がせました。この時の祝いに作られたのが「松の緑」といわれています。

一方、大薩摩節の家元となった三郎助は次に、今は絶えてしまった古浄瑠璃、外記節の復活に取りかかりました。

そして、「外記節石橋《しゃっきょう》」（通称「石橋」・一八二〇年）・「外記節猿」（通称「外記猿」）・一八二四年）・「外記節傀儡師《かいらいし》」（通称「傀儡師」・一八二四年又は一八二九年）などを作曲しました。これらの曲はもちろん鑑賞用長唄です。

十代目・十一代目杵屋六左衛門

四世杵屋三郎助は三十歳の時に、十代目杵屋六左衛門を襲名しました。

その襲名記念に作った曲が、外記節「翁千歳三番叟《おきなせんざいさんばそう》」（一八三〇年）です。この曲はもともと河東節で作られたものなのですが、彼はそれをあえて得意の外記節に作り変えたのです。

実は数年前に、四世杵屋六三郎が同じ河東節の「翁千歳三番叟」を、吉原バージョンに書き換えた「廓三番叟」を発表しています。

六三郎はまったくの下戸《げこ》（酒が飲めない人）なのですが、吉原をねぐらとするほどの大変な好色家です。方や六左衛門は超のつくほど真面目な性格です。

彼は「廓三番叟」などとふざけた曲を作った六三郎に、正統の「翁千歳三番叟」を見せつけたかったのかもしれません。

このあと六左衛門は四代目中村歌右衛門の八変化、『花翫暦色所八景《はなごよみいろのしよわけ》』で河東節の「助六」を長唄に移して再現しています（一八三九年・中村座）。

当時は河東節そのものが衰退していて、実質的な太夫は五世河丈（没後九世河東を追贈）一人くらいしかいませんでした。

七代目市川団十郎が「助六」を歌舞伎十八番に制定してからは、河東節の「助六」は団十郎家の専売のようになり、他の役者は河東節の「助六」が使いづらい雰囲気になっています。

六左衛門は、歌右衛門のために長唄バージョンの「助六」を作ったのではないでしょうか。

この頃、町人の富裕層に留まらず、武士や文人墨客などが自邸や料理茶屋などに、贔屓の芸人を呼んで長唄を鑑賞するということが流行り始めました。それも酒席の座興という程度のものではなく、れっきとした演奏会です。

六左衛門の養子栄蔵が記録した『御屋敷番組控《おやしきばんぐみひかえ》』（一〜三巻・一八三一〜三八年）によると、演奏回数は年間三〇〜五〇日ほどにも及び、番数は少なくて三番、多いと五番以上もあります。

当時芝居が跳ねるのは夕方の四時頃です。この時代は日本橋人形町辺りに中村座と市村座が、銀座辺りに森田座がありました。やや都心とはいえ、徒歩で屋敷や料理屋に移動するのです。演奏が始まるのは六時頃で、終わるのは十時過ぎになるのではないでしょうか。

芝居のない日は、昼・夜と場所を変えての演奏もあったようですし、演目もそれぞれ異なっています。

芝居は朝の四時頃には一番太鼓が打たれ、座頭《ざがしら》が到着する六時頃には幕が開きますから、下っ端は寝ている暇がありません。芝居の空き時間には覚え物もあるでしょうし、夜にはお屋敷で演奏会です。まさに一年中、朝から晩まで三味線にどっぷりという状態なのですから、みな下手《へた》になる暇がありません。

一八四一年、水野忠邦の天保の改革で江戸三座は浅草聖天町《しょうでんちょう》に移転となりました。ここは都心から遠く不便な場所なのですが、猿若町《さるわかちょう》といわれ芝居町として結構な賑わいを見せるようになりました。

さて、六左衛門は南部のご隠居（十一代藩主南部利敬《なんぶとしたか》未亡人教子《のりこ》の方）の縁を得て、十三代利済《としただ》に贔屓にされていました。浄瑠璃はともかくとして、長唄の三味線弾きに大名のパトロンが付くなどということは、今だかつてないことです。

「秋の色種《いろくさ》」（一八四五年作曲）は、利済が家督を長男利義《としとも》に譲って隠居するにあたり、麻布不二見坂に建てた下屋敷の、新築祝いに披露された曲です。作詞は利済とも、ご隠居ともいわれています。

この曲の構成は調子が本調子→二上り→三下りと変わるところや、長い「虫の合方」と「箏の合方」、上調子が入るという構成が、六三郎の「吾妻八景」に酷似しています。六左衛門は「吾妻八景」を下敷きにしたのでしょうか。

十代目六左衛門は、九代目が立てた杵屋別家の当主ですが、宗家十代目喜三郎が夭逝すると、宗家の名義が六左衛門に譲られました。

彼は養子の五世三郎助（栄蔵改め）に六左衛門を継がせるつもりだったのでしょうか、

弟子の六松を新たに養子に迎え、十一代目喜三郎を継がせました。

三郎助は養父没後、十一代目六左衛門を襲名しました（一八六一年）。

二世杵屋勝三郎・三世杵屋正次郎・三世杵屋勘五郎

十一代目杵屋六左衛門の同期には、二世杵屋勝三郎と三世杵屋正次郎がいます。

勝三郎は杵勝派の家元名ですが、流祖は勝五郎です。勝五郎は九代目六左衛門のワキ三味線を経て市村座のタテ三味線になりました。「小鍛冶」（一八三二年）の作曲者として有名です。

勝五郎の弟子が初世勝三郎です。勝三郎が勝作と改め隠居をした時に、長男小三郎が勝三郎の二世を継ぎました。

彼は日本橋馬喰町《ばくろちょう》に住んでいて、その腕の冴えが凄まじいことと、強面《こわもて》の人相から〝馬場の鬼勝〟の異名を持ちます。

二世勝三郎が初めて作った曲とされているのが「軒端の松」（一八四五年）です。これは新川の酒問屋が新酒、軒端の松を売り出すにあたり、主人が贔屓の勝三郎に作曲させたものといわれています。

この曲は料理茶屋で披露され、清酒「軒端の松」を飲みながら、長唄「軒端の松」を鑑賞するという、本邦初の粋な宣伝ソングとなりました。

勝三郎は二十歳の時、市村座のタテ三味線に昇格し、十二代目市村羽左衛門の十一変化『仮名手本忠臣蔵』の作曲を担当しました。

長唄・常磐津節・大薩摩節による作曲で、五段目「角兵衛獅子」と七段目「おかる」が勝三郎の作曲です。


一方の正次郎ですが、二世正次郎に実子はいなかったようで、門弟正三郎の息子彦之助が三世を継ぎました。その襲名記念に作った曲が「君が代松竹梅」（一八四三年）です。

勝三郎は正次郎より六歳年上ですので、仕事も作曲も一歩リードしていましたが、公私に渡り正次郎とは厚い友情で結ばれていたようです。二人は合作で「菖蒲浴衣《あやめゆかた》」・「喜三《きみ》の庭《にわ》」（いずれも一八五九年）を作っています。

「菖蒲浴衣」は、五代目芳村伊三郎の襲名披露に作られ、「喜三の庭」は岡安喜代茂の新築祝いに作られたものです。

前半、後半という形で作曲を分担し、一曲としたものですが、その後両家によって、「菖蒲浴衣」は正次郎、「喜三の庭」は勝三郎作曲ということに決められたようです。

また同名の曲としては、「連獅子」があります。初めに作ったのは勝三郎で、花柳寿輔《はなやぎじゅすけ》の長男による二世芳次郎襲名披露に作られました（一八六一年）。それから一〇年ほどのちに正次郎が「連獅子」を作っています。

「勝三郎連獅子」の作詞は河竹黙阿弥が新七時代に書いたものです。「正次郎連獅子」の作詞者は不詳ですが、ほとんど同じですので、恐らく黙阿弥ではないでしょうか。

同名あるいは同類項の曲を作るときは、先行曲に敬意を表して旋律の一部を拝借するのが慣例となっているようですが、この曲の場合は、正次郎のいたずらとしか思えないほど似た旋律が随所に使われています。

演奏する立場としては、厳重注意の曲です。うっかりするとすぐどちらかの曲に飛んでしまうからです。

十一代目六左衛門は維新を機に、名義を義弟十一代目喜三郎に譲りました。そして、杵屋の祖、勘五郎の名を二五〇年振りに復活して、三世勘五郎を名乗りました。彼は根岸に隠棲しましたので、根岸の勘五郎ともいわれています。

勘五郎には子がいたのですが、商売違いのため初世杵屋六四郎の門弟、四郎治を名前養子に迎え、三郎助の六世を継がせました（一八七〇年）。その翌年六四郎は病没し、娘婿が六四郎の二世を継ぎました。

勘五郎はまた、先代が預かる形になっていた大薩摩節の家元権を、正式に譲り受けました。正真正銘大薩摩節の家元になった勘五郎は大薩摩絃太夫を名乗り、長唄の連中に大薩摩節の名前を与えました。養子の三郎助には大薩摩浄観の名が与えられました。

勘五郎が大薩摩絃太夫として、手始めに作ったのが「橋弁慶」（一八六八年）で、次が「綱館之段《つなやかたのだん》」（一八六九年）です。


同じ年に勝三郎は、唄浄瑠璃「靭猿《うつぼざる》」を、ご贔屓の酒問屋の依頼で作っています。「靭猿」そのものは狂言が元ですが、先行曲に常磐津節の「靭猿」があります。勝三郎はそれをテキストにしたようです。

この時代「望月」や「土蛛《つちぐも》」（いずれも三世杵屋勘五郎作曲）など、能を移した曲が多く作られました。それは江戸幕府が崩壊し、式楽であった能が解禁されたからです。

大名からの扶持《ふち》を失い、野に放り出された幕府のお抱え能楽師たちは、四座《よざ》（観世流・宝生流・金春流・金剛流）で二〇〇人以上もいたといいます。彼らは今まで自力で生活したことがありませんので、みな困窮の極みです。

宝生流の能楽師、日吉吉左衛門は現状を打破するべく、長唄や常磐津・清元・一中節などの三味線音楽と能の共演を考え、勝三郎に相談しました。

義俠心の強い勝三郎は二つ返事で引き受け、これに専念するべく市村座を正次郎に任せて、芝居を引退しました。能囃子からは観世流の藤舎芦船《とうしゃろせん》が参加しました。

そして「安達ヶ原」と「船弁慶」（いずれも一八七〇年作曲）を作り、吾妻能狂言（日吉能狂言）と称して公演を始めたのです。

囃子・唄・三味線・地謡を伴奏に、能楽師が演じるという新趣向の吾妻能狂言。これはまた一興で、庶民に結構受けたようです。

ひとまずは順調に滑り出した吾妻能狂言ですが、本業の能に強力な救済者が現れます。新政府の首脳となった公家《くげ》の岩倉具視《いわくらともみ》です。

彼は外交セレモニーの芸能として、能に着目しました。そして自邸に能舞台を設《しつら》え天覧能を催すなど、積極的に能をアピールしました。

かくして能は次第に活気を取り戻し、いつしか吾妻能狂言は忘れ去られてしまうのです。

江戸幕府の崩壊は芝居町にも大きな影響を与えました。

明治新政府の猿若町解放により、櫓御免の特権が消失し、許可さえ取れば誰がどこに劇場を建ててもよくなったのです。

守田座は（一八五六年、森を守に改称）いち早く京橋の新富町に移転し、額縁式舞台の西洋建築新富座を開業しました。

開場記念の余興に作られたのが、正次郎作曲の「元禄風花見踊」（一八七八年）です。正次郎はこの頃から「次」の字を「治」に改め、正治郎と改名したようですが、通例は正次郎と記します。

また内閣総理大臣伊藤博文は、それまでの荒唐無稽な歌舞伎を改良するべく、演劇改良会を発足させました。その後演劇改良会は自然消滅しますが、組織を変えながら改良劇専用の劇場、木挽町の歌舞伎座設立に結実します（一八八九年）。

正次郎は演劇改良運動に燃える、九代目市川団十郎の求めに応じて「船弁慶」（別名「静と知盛」・一八八五年・新富座）や、「鏡獅子」（一八九三年・歌舞伎座）などを作りました。

江戸一番の大芝居だった中村座は時流に乗れず、ついに衰運の一途を辿ります。

猿若町解放後、中村座は浅草鳥越町に移り、猿若座と改称して再出発しました。ところがその後火事で焼失してしまい、再起不能となったのです。

初代猿若勘三郎が江戸で猿若座を旗揚げした時から、猿若座と一蓮托生で運命を共にして来た杵屋宗家はこの時猿若座を離れ、歌舞伎座開場と同時に歌舞伎座の囃子頭に就任しました。

そして当主、十二代目六左衛門の働きにより、植木店《うえきだな》派（六左衛門一派）は全盛期を迎えることになるのです。

ほどなく六左衛門は長男十二代目喜三郎に、十三代目六左衛門の名を譲り、喜三翁と称して隠居します。この時、次男二世栄蔵が十三代目喜三郎を継ぎました。

当代の喜三郎は次男ゆえ、堅気の商人にさせるべく畑違いの道を歩んでいたのですが、天賦の才のあることに驚いた親が芸人として再出発させたのだといいます。

五世杵屋勘五郎

この頃、総合雑誌を手がける大手出版社博文館が、奠都《てんと》三〇年祭を企画しました。長唄界も一致団結して協力することになり、各流派を統合した「東京長唄音楽師組合」が結成されました。

ところが運営をめぐって仲間割れが生じ、植木店派と囃子の宝山左衛門《たからさんざえもん》らが脱会し、

「長唄新組合」を結成したのです。

東京長唄音楽師組合は結成後たちまちにして分裂してしまったわけですが、組合結成のデモンストレーション演奏会は神田錦輝館で行なわれました。これが本邦初の入場券制による長唄演奏会です。

奠都三〇年祭の本番には両組合が仲良く参加しました。二重橋前に組まれた仮設舞台で新作などを発表し、盛大な野外演奏会となりました。


このあと杵屋喜三翁は唐突に、次男十三代目杵屋喜三郎に、勘五郎の五世を襲名させました（一九〇二年）。

三世勘五郎は既に没し、勘五郎名義の公式後継者、六世杵屋三郎助を飛ばしての抜け駆け襲名です。三郎助はすぐさま四世勘五郎襲名を発表し、二人勘五郎の出現となりました。

しかし五世を名乗った勘五郎の才能は斬新かつ自在で、「春秋《はるあき》」（一九〇三年）・「島の千《せん》歳《ざい》」（一九〇五年）のほかに、兄十三代目六左衛門との合作による「新曲浦島」（一九〇六年）・「多摩川」（一九〇八年）など、エポックメーキングな曲を数多く残しました。

勘五郎は四十三歳で早逝しましたが、一人娘の杵屋響泉《きょうせん》が現在百四歳で現役バリバリです。

杵屋六左衛門家は代々三味線弾きでしたが、十三代目六左衛門の長男十四代目六左衛門（十四代目喜三郎改め）は四世吉住小三郎に師事し、唄方に転向しました。

十四代目が世を去った時、長男は十五代目喜三郎を、次男は六世勘五郎を名乗っていましたので、次女が十五代目六左衛門を継ぎました。

三世杵屋六四郎・四世吉住小三郎（長唄研精会）

四世杵屋勘五郎は、先の一件で植木店との決別を決めたのでしょうか。息子三世杵屋六四郎と四世吉住小三郎らを主唱者に据え、「長唄研精会」を立ち上げました（一九〇二年）。この会は入場料を取って毎月定期公演を行なうという、歌舞伎から完全に独立した本邦初の演奏団体です。

そして勘五郎自身は稀音家《きねや》浄観《じょうかん》と改名して隠居しました。浄観というのは養父に貰った大薩摩節の名前です。二人勘五郎はこれで解消となりました。

記念すべき第一回長唄研精会は、日本橋倶楽部で開催され、五〇〇人もの客が詰めかけました。

長唄研精会は、演奏の他に新曲の発表ということを目標にしていたといいます。ですから小説家や歌人に歌詞を依頼し、六四郎と小三郎が単独や合作でいくつもの曲を作りました。

「鳥羽の恋塚」（一九〇三年・半井《なからい》桃水《とうすい》作詞）・「寒山拾得《かんざんじっとく》」（一九〇七年・坪内《つぼうち》逍遥《しょうよう》作詞）・「有喜大尽《うきだいじん》」（一九〇九年・中内蝶二《なかうちちょうじ》作詞）・「紀文大尽」（一九一一年・中内蝶二作詞）などがその一例です。


長唄研精会が引き金となり、この時期幾つもの会が設立され、演奏会長唄が俄然活気を帯びてきます。

今までは芝居やお座敷以外に長唄を演奏する場所がありませんでした。そこに演奏会場という新たな場が加わったのです。

長唄研精会は大正（一九一二年〜）に入り、会場を日比谷の有楽座に移しました。創設以来赤字続きで苦しい運営を強いられてきた研精会でしたが、政財界の後援者や小三郎、六四郎らの努力で、やっと軌道に乗り始めたのです。

毎月四日間、午後六時から九時までの公演には、会員だけで一〇〇〇人近い席が満員となり、有楽座の周りには運転手付きの高級車がずらりと並んだといいます。

会員たちはこの新しいスタイルの長唄演奏会を贔屓にし、妻女に唄や三味線を習わせるようになったのです。

これまでは女流の三味線といえば遊里や花柳界、というほど三味線と芸者は一心同体でした。それに今また東京の花柳界は大繁盛です。ですからこの時代、まだまだ三味線にはある種、不健全なイメージが付いて回っていたのです。

研精会はその印象を払拭し、三味線を良家の子女のたしなむ健全な音楽、という高みに持っていくことに成功したのです。

吉住小十郎（研譜）・四世杵家弥七（文化譜）

研精会によって実業界に長唄が流行り始めますと、早稲田の卒業生による永楽倶楽部という長唄同好会が作られました。そして吉住小三郎の弟子小十郎が稽古を任されました。

小十郎は音響学者で邦楽研究家の田中正平の書生です。田中に長唄の五線譜採譜を命じられ、小三郎に入門したのです。

なぜ五線譜かというと、東京音楽学校（東京藝術大学の前身）に邦楽科を設置するにあたり、田中が邦楽調査掛の委員長に任命されたからです。

田中は邦楽と洋楽を科学的に比較研究するには、五線譜採譜が不可欠と考えていたのです。

田中は東大物理学科を卒業後、ドイツに留学して音響学を学んだ学者です。洋楽礼賛の時代に日本音楽の重要性を説き、自宅に邦楽研究所を作りました。そして書生を雇って長唄や浄瑠璃などの五線譜採譜を早々と始めた、邦楽界の救世主のような人物です。

小十郎は永楽倶楽部での稽古を合理的に進めるため、五線譜を一般に分かりやすくアレンジした数字式の楽譜を考案しました。これがなかなか好評で、倶楽部が資金を提供して商品化することになり、第一号として「松の緑」が出版されました（一九一六年）。

この楽譜は長唄新稽古本（俗に研譜）と名付けられました。研譜は唄のために作られましたので歌詞は筆文字、縦書き和綴《わとじ》形式です。歌詞の横にドレミを置き換えた数字が記され、音の高低が示されます。

研譜は唄のメロディはつかみやすいのですが、転調のたびにポジションの数字が変わるので、三味線用としては少々厄介かもしれません。

この問題を解決したのが、四世杵家弥七《きねいえやしち》という女性の三味線弾きです。弥七はバイオリン弾きの夫と協力して、ポジションを数字で示すタブ譜を考案しました（一九二二年）。

三線譜上に示された数字がポジションを示し、転調しても数字は変わりません。これは三味線文化譜（三線譜・赤譜とも）と名付けられました。

文化譜は三味線のために考案された楽譜ですので横書きです。長唄は産字《うみじ》（歌詞を伸ばす部分）が多く、横書きですと、歌詞は平仮名で書かざるを得ません。そのため歌詞の内容が分かりにくくなるというきらいがあります。

しかしこの譜は誰にでも簡単に理解できるところから、今では長唄だけでなく民謡・小唄・浄瑠璃など、三味線音楽のあらゆるジャンルに普及しています。

従来三味線の稽古は師匠と向き合って真似をするという、口伝形式で伝えられてきました。同じところを繰り返す稽古方法ですが、少なくとも三回で覚えるものといわれてきました。しかし実際のところ、この方法では一回の稽古で少ししか進めません。

そのために昔は六歳の六月六日から稽古を始めたのです。この日は子供の稽古始めの日といわれています。

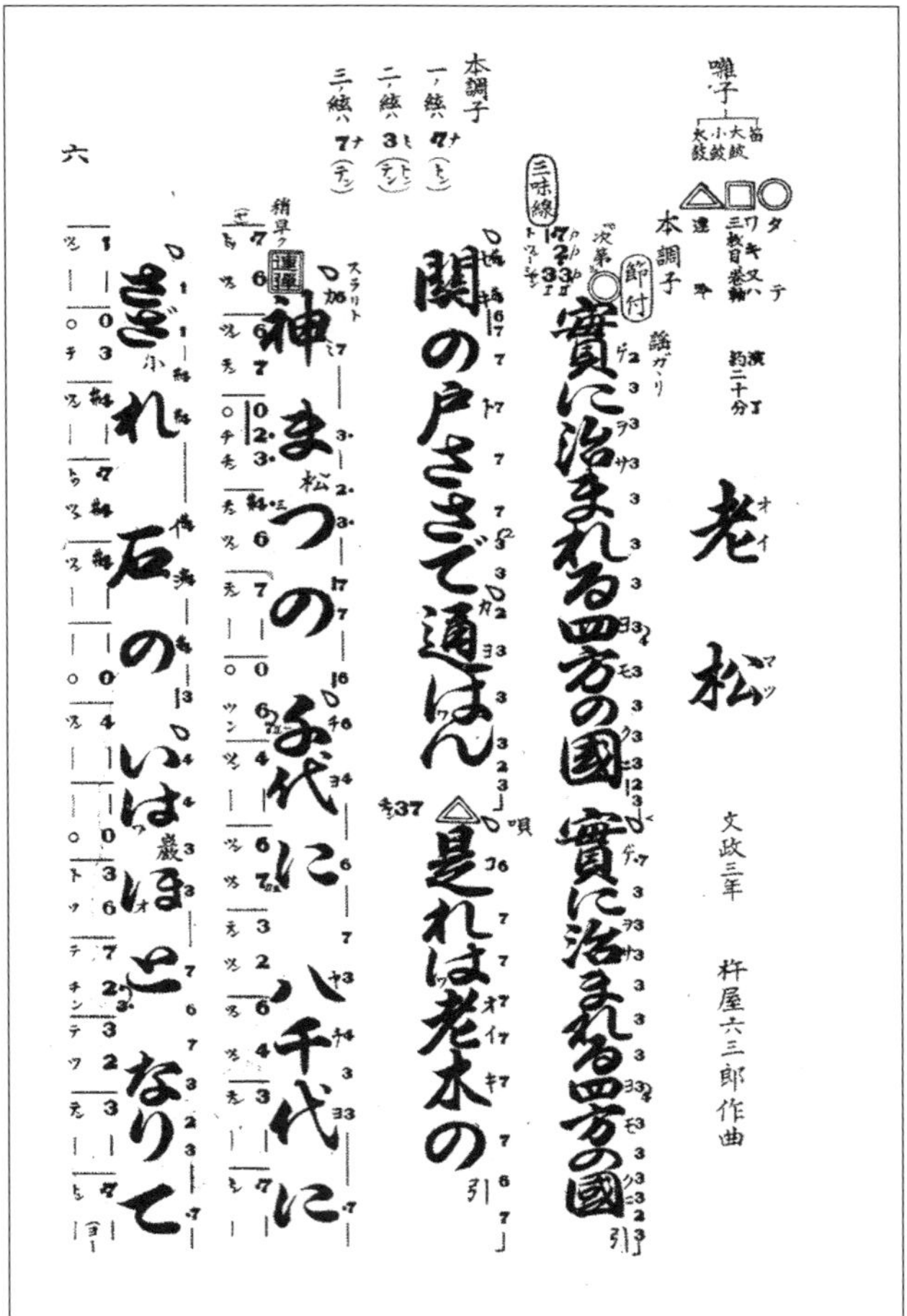
老松
文政三年
杵屋六三郎作曲
囃子
笛
大鼓
小鼓
太鼓
本調子
三味線
節付
實に治まれる四方の國
實に治まれる四方の國
關の戸さゝで通はん
是れは老木の
神まつの千代に八千代に
さゞれ石のいはほとなりて
六

「老松」の研譜

老　松
〔本調子〕
げにおさまれるよものくにィィ　げにおさまれる
よものくにィィ　せきのと　ささ　で　かよわんンン　これわおいきのオオオ
かみ　まア　つ　の　ちよに　やちィ
よ　に　さざア　れ　いし　の　いわア　お
と　なりィ　て　こけ　の　むす　ま
てで
まつゥの　はいィろォも
ときィめェき　て
とかえり　ふかアき　み

「老松」の文化譜

一曲ごとの稽古本があったら予習も復習もでき、合理的な稽古が出来るのですから、研譜も文化譜も世に出る必然性があったのです。

しかし、当初は師匠たちからの反発もあり、文化譜などはすんなりと受け入れてくれなかったようです。

弥七は文化譜を普及させるべく大阪で講習会を開いたり、学校形式の三味線女塾を開設したりと奔走しました。

東京放送局（ＮＨＫ・一九二五年開局）のラジオ放送が始まると、文化人の後押しもあったのでしょう、翌年から文化譜を使ったラジオ講座「三味線のお稽古」が始まりました。これにより長唄の消費層が一気に全国の一般家庭にまで広がったのです。

その番組は四年間も続き、中国の大連や新京放送局からも放送されています。

当時大連には日本人町があり、逢坂町には遊廓がありました。そこには九〇〇人もの芸娼妓がいて、そのうち五〇〇人ほどが酌婦（芸者）だったといいます。ですから現地にも三味線屋があったのです。

この時代は弥七の活躍や研精会、その他の勉強会などにより、長唄の三味線が俄然脚光を浴びた時期です。そして邦楽社が月刊誌『三味線楽』を発行するなど、空前の三味線ブームが起きました。

おのずと流派の分派も起こり、家元の数が十八流派以上にも及んだといいます。

当時長唄の営業鑑札は家元からの免許状を府庁に届け、下付されていました。長唄の流行で無鑑札の師匠が増え、東京府は手続きの煩瑣《はんさ》に困っていました。そこで東京府は協会を作って対応させようということで、長唄協会が設立され、初代会長に徳川義親《よしちか》侯爵が就任しました（一九二五年）。

翌年、関東大震災後竣工となったばかりの歌舞伎座で行なわれた、第一回長唄協会演奏会は二日間にも及び、開場と同時に一〇〇〇人を超える客席が満員になったといいます。

山田抄太郎・稀音家幸

昭和（一九二六年〜）に入ると東京音楽学校に長唄選科が設立され、お茶の水に分教場が作られました。その後本科が開設され、選科と併設されることになりました（一九三六年）。

ついに長唄が学校で学べる時代になったのです。これも研精会やラジオ放送、邦楽社などの地道な努力があったからこそです。

この時選科の講師を勤めていた、四世吉住小三郎と三世稀音家六四郎（一九二六年に杵屋改め）は教授に就任しました。

その後六四郎は長男に六四郎の四世を譲り、二世稀音家浄観を名乗りました。

そして二人は研精会の四〇〇回記念公演に「みやこ風流」を合作し、それぞれの息子にあとを任せて引退しました（一九四七年）。

小三郎は、息子小太郎に五世小三郎を譲り、慈恭《じきょう》と改名します（一九六三年）。現在は慈恭の曾孫、七世小三郎の代になっています。

浄観には幸《こう》という娘がいます。子供の時から父の代稽古ができたという俊才です。幸は三十三歳で一門の女名取りの勉強会、稀音会《きおんかい》の主催者となり、終戦後唄の吉住小梅（後、松崎倭佳《わか》）とともに、「梅倖会《ばいこうかい》」を立ち上げました（一九四六年）。これは女流長唄による初めての演奏会です。

今まで男は舞台で、女は家で弟子の稽古という役割だったのですが、梅倖会によって女流長唄演奏家という全く新たな道が開かれたのです。

ちょうどその頃、ＧＨＱの学制改革に伴い、東京音楽学校と東京美術学校を統合して、東京藝術大学に昇格させようという案が立ち上がりました。翌年大学設置が決定したのですが、東京音楽学校校長の小宮豊隆が、突如邦楽科廃止を発表したのです（一九四八年）。小宮の考えは、邦楽は大学教育に入れないで、付属の研究所で行なえばいいというものでした。

当時、長唄科の教授は稀音家六治《ろくじ》（浄観の弟子）と、十四代目杵屋六左衛門で、助教授が吉住小三八《こさはち》（小三郎の弟子・後、日吉小三八）でした。

小宮と教授サイドの対立はマスコミ・文化人・学識者などを巻き込んで一大文化論争に発展しました。しかし邦楽科の教授陣を中心とする、設置実行委員会の一年に及ぶ働きにより邦楽科設置が決定し、小宮は辞職したのです。

六治は邦楽科の主任教授となったのを機に、本名の山田抄太郎を名乗り、研精会からも独立しました。そして東京音楽学校時代からの卒業生を中心にした、「長唄東音会」を組織して会長に就任しました（一九五七年）。

東音会は芸名のある者も原則本名での出演となります。流派を超越した組織を理想としたのでしょう。東音会は会員数を広げながら現在も東音会（男子）と、女子東音会という形で継続しています。

長唄研精会も現在継続中です。年二回の開催で、六五四回を数えます（二〇一八年度）。

その後の長唄

女流初の演奏会、梅倖会のあとに続いたのが「清和会《せいわ》」です。これは七世芳村伊十郎と三世今藤長十郎の発案による超党派の女流長唄演奏会です。

清和会は五三年続き、紀尾井ホールに於ける一〇四回記念公演で幕を閉じました（二〇〇五年）。

清和会で育てられた女流演奏家は、やはり超党派の「長唄繭の会」を発足しました。こちらは四七年続き、三越劇場での七五回公演をもって終会しました（二〇一六年）。

現在長唄協会に登録されている流派は囃子を除いて三八ほどあり、会員数は全国で約二三〇〇名です。一〇年前には三五〇〇名ほどもいたのですから、驚きの減少ぶりです。

今は大正時代の長唄ピーク時から九三年、梅倖会発足から七二年が経っています。当時長唄を習い、支持していた人たちはほとんどいませんし、その子や孫も残念ながら長唄には無関心です。

江戸時代は庶民の楽器といえば、三味線しかなかったわけですから、三味線が爆発的に広がったのですが、今日のように世界中にある楽器の中から好きなものが選べる時代となっては、長唄人口が減っていくのも致し方のないことではあります。折角プロの女流長唄演奏家が市民権を獲得したというのに、活躍の場がなくなりつつあるのです。

過去を見てみますと、だいたい一つの音楽の栄枯盛衰は一〇〇年前後です。長唄界にも岩倉具視のような、強力な救済者が現れることを祈るばかりです。

二〇一一年、貴音《きおん》という新流派が登録されました。稀音家幸の娘康《やす》が、夫の名跡（三郎助）を巡って本家稀音家六四郎家と悶着となり、康が別家貴音を立てて家元になったのです。

康は母の薫陶を受けた才女で、母没後は稀音会を引き継ぎ、稀音家一門の女流をまとめました。しかし新流派樹立の数年後に康は九十七歳で世を去りました（二〇一七年）。

同じ年の七月に後ればせながら、長唄が重要無形文化財に指定されました。

そして伝統長唄保存会が組織され、六八名の会員を擁する保持団体として認定されました。

第十章

唄い物いろいろ

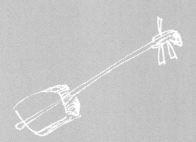

端唄・端歌

端唄・端歌というのは読んで字の如しで、端物の唄という意味です。長唄や浄瑠璃のようにまとまった長いものではなく、ほんの二、三分の短いはやり歌、というような感覚でしょうか。

上方の地歌に端歌というものがありますが、これは文人や粋人の作詞に検校などが作曲をした芸術性の高い小曲で、上方端歌といわれています。

一方、清元お葉が江戸時代の終り頃才能を発揮したのは江戸端唄といわれ、大衆の中から自然発生した類《たぐ》いのものです。戯作者の仮名垣魯文《かながきろぶん》なども、若い頃は盛んに端唄の唄本を書いたそうです。

今でも五〇〇種類以上の端唄の本が残っているというのですから、いかに流行っていたかが分かります。

何しろ端唄は庶民が初めて手にした、庶民のための大衆芸能です。老若男女が夢中になるのも道理です。

師匠はおおかた芸者上がりの粋な年増か、芸人の女房あたりでしょう。

弟子たちは同好会のような「連《れん》」を結成し、春は花、夏は船、秋は月見といった遊びに繰り出しては唄い、あるいは寄合い所などに集い、端唄を競ったのです。昼夜を問わず稽古所に出入りする男どもの熱狂振りに、お上は風紀の乱れを懸念して女師匠の弟子取りや、端唄の稽古そのものを禁止するというお触れを出したほどです（一八四二年）。

端唄は短いし、易しいので岡場所の芸者の芸としてももってこいです。鳶の者や棒手振《ぼてふ》り（天秤棒を担いでの商い）が岡場所で芸者を相手に端唄を唄うこともあったでしょう。しかし同時期に出された「岡場所禁止令」によって、江戸中の岡場所が取り潰され、庶民のささやかな楽しみも消え失せました。

それほど日本中を席巻した端唄ですが、明治・大正頃には一時衰退の憂き目を見ました。軍国主義下の日本では、庶民がのんきに端唄などを唄っている場合ではないからです。

しかしそんな時代でも寄席の女音曲師《おんぎょくし》は健在で、中でも立花家橘之助《たちばなやきつのすけ》が端唄浮世節で一世を風靡しました。

彼女は六歳で二世三遊亭円橘《さんゆうていえんきつ》の弟子となり、清元節や端唄・俗曲などの色物で寄席に上がりました。ちょっと信じられませんが、八歳で真打ちになるほど天才的に三味線が上手かったといわれています。

浮世節というのは、義太夫節・長唄・清元節などの洒脱な部分の抜粋や、どどいつ・かっぽれ・大津絵などの俗曲・はやり歌・端唄などをアレンジして創り出した三味線歌謡といったところでしょうか。名付け親は橘之助で、橘之助は後に浮世節の家元になります（一九〇〇年）。

橘之助没後は、常磐津節の三味線を得意とする女芸人、西川たつが浮世節を引き継ぎました。

橘之助たち女芸人の活躍で、端唄はかろうじて大衆芸能として命脈を保ちましたが、一方で端唄は寄席の芸と軽視されるようにもなりました。

その印象を正《ただ》そうと端唄保存会を立ち上げたのが、横山孫一郎などの財界人です。そして政財界の粋人たちが自ら歌詞を書き、長唄や清元節の演奏家が曲を付けて、花柳界や歌舞伎の舞台などで披露することが流行り出すのです。

大正期になりますと（一九一二年〜）、端唄は後発の江戸小唄に吸収されて存在感が薄くなりました。同名の曲が幾つも出てきて、端唄と小唄のボーダーラインがあいまいになってきたのです。

しかしその後レコードの普及により、藤本二三吉《ふみきち》・小唄勝太郎・市丸など、花柳界の芸達者たちが多くの端唄を吹き込むようになり、端唄は再び返り咲いたのです。

端唄は誰でも気軽に楽しめる、大衆芸能として生まれ育ちましたので、家元制度などとは無縁だったのですが、昭和になって千本歌扇《ちもとかせん》が千本流の名乗りをあげ、端唄家元の第一号となりました（一九六〇年）。

その後端唄協会が設立（一九八二年）されるほどに流派が増え、現在も盛んに行なわれています。三味線は細棹で撥を使います。

うた沢

うた沢は端唄から派生した音楽です。本所南割下水《わりげすい》に住む歌沢笹丸《うたざわささまる》という隠居が創立しました。

彼は旗本の長男で、小普請《こぶしん》御書院詰めを勤め上げたのち、家督を養子に譲り、隠居して笹丸と号しました（一八四〇年）。

若い時から浄瑠璃や長唄に精通していた笹丸は、流行りの端唄に魅かれ、端唄の上手がいると聞けばどこへでも出向き、みずからも端唄を作るほどの熱の入れようでした。ついには自邸に宴席を設けて彼らを呼ぶようになり、常に端唄自慢の者たちを出入りさせていたといいます。

笹丸は従来の端唄にはない、一中節を旨とした、ゆっくりとしたテンポの、唄うというよりは語る感じの浄瑠璃がかった端唄を編み出し、これを歌沢節と名付けました。

笹丸邸に出入りする主な連中は、畳屋の平田虎右衛門・御家人の柴田金吉・船宿の息子藤七・火消しの辻音《つじおと》など、端唄の上手として名の知れた若者ばかりです。

彼らは身分の違う武家のご隠居との交流を晴れがましく思ったのでしょう、笹丸をリーダーに歌沢連を立ち上げました。

笹丸は歌沢を普及させるため、嵯峨御所の聖天町出張所に家元の申請をしました（一八五七年）。認可された翌月、笹丸は平田虎右衛門に二代目家元を譲ると、その二ヶ月後に病没してしまいました。

虎右衛門は元梅の湯連のリーダーで、美声が評判でした。家元を譲られた時、虎の字を「寅」に改め、歌沢寅右衛門として寅派の祖となりました。

一方歌沢節の若き担い手として嘱望されていた、御家人の柴田金吉はこれが面白くなかった。嵯峨御所に別派、芝派の申請をしたのです（一八六一年）。

そして歌沢の歌の字を「哥」に改め、哥沢芝金として芝派の家元となりました。

こうしてうた沢は寅派の「歌沢」と、芝派の「哥沢」の二流派に分かれました。厳密にいえば芸風も違うのでしょうが、特に区別しない場合は総称として「うた沢」と表記します。

芝金は河竹黙阿弥や仮名垣魯文などの文人とも交流がありましたので、劇場にも出演して自流の宣伝にも努めました。そのため寅派をしのぐ勢力を持ちましたが、四十五歳で病没してしまいました。

二世を継いだのは養子の貞之助です。ところが彼はわけあって引退、その後没したため、初世の養女勢以《せい》が三世を襲名しました。勢以は清元お葉と並び称されるほどの、美声と技の持ち主です。

彼女は横浜や関西方面にも出稽古に行き、芝派の勢力を広げましたが、七十歳を機に姪錦子《きんこ》に四世哥沢芝金を譲り、哥沢土佐芝金と名を改め隠居しました。

錦子の相三味線は九歳上の姉清子《きよこ》です。

うた沢は田中正平の主催する美音倶楽部に加えられ、二人は翌年美音倶楽部でうた沢の試演をしています。

その後清子は二世芝勢以を継ぎ、一時分家を立てましたが（一九二七年）、現在では芝金派が宗家、芝勢以派が家元を名乗っています。

寅派の当代は六世です。歌沢寅右衛門の名で俳優を兼業しています。芝派は分家家元の芝清《しばきよ》が六世芝金を襲名（一九九〇年）。芝勢以派の当代哥沢芝虎は四世で（二〇一五年襲名）、荻江寿々という名で荻江節を兼業しています。

江戸小唄

二世清元延寿太夫の娘、清元お葉が子供の頃から端唄の作曲に才能を発揮したことはすでに記しました。

お葉は清元畑で育ったため、端唄のテンポもおのずと清元調で軽快なものになっています。

清元節一幕物の新曲には、必ず端唄を入れるということが慣例になってからは、清元節の作曲者たちの多くが端唄の作曲を手がけるようになりました。

これが「江戸小唄」の先駆けとなりましたので、江戸小唄は粋で軽快な芸風になったのです。

明治（一八六八年～）になりますと、実業家の平岡吟舟《ひらおかぎんしゅう》が小唄の作詞・作曲に加わりました。

彼は母親の影響で幼少期より謡曲・一中節・河東節・清元節などを習い、その道には精通しています。

十六歳から六年間アメリカに留学し、帰国後鉄道車両の平岡工業を創業し、財を成しました。

そして廃れていた河東節再興のため、十一世十寸見河東を支援し、傍ら東明節《とうめいぶし》（後、東明流）を樹立して家元になりました（一九〇二年頃）。

東明節とは、従来の色々な三味線音楽の特徴的な節を寄せ集めて編み出した、吟舟好みの新邦楽です。

彼は五十歳半ばですべての職を辞し、三味線三昧《ざんまい》の隠居生活に入りました。そして夜毎花柳界で散財しましたので、紀文大尽ならぬ平岡大尽と囃されたといいます。

書家の永井素岳も清元節や小唄の作詞を多く手がけた通人です。彼は新橋や柳橋・芳町などの花柳界の顧問もしていました。

その素岳に小唄の手ほどきを受けたというのが横山さきです。さきは二十代半ばに小唄芸者として芳町からデビューしました。

その後、さきは清元お葉に入門し、清元延小葉志という名取りになります。そして晩年には芝神明《しんめい》に小唄の稽古所を開きました（一九一五年）。

この稽古所に入門した堀たまは、向島の芸者ですが、哥沢芝加葉満《しがはま》の名を持つ哥沢の名手です。わずか一年後に自身の小唄稽古所を開きました。そして堀小多満《ほりこたま》と称し、小唄堀派の家元となりました（一九一七年）。彼女が小唄家元の第一号となります。

このあと田村てる（田村派家元・一九二〇年樹立）が続き、蓼胡蝶《たでこちよう》（蓼派家元・一九二七年樹立）・春日とよ（春日派家元・一九二八年樹立）らが次々と一派を成し、戦後の小唄ブームの礎《いしずえ》を築くのです。

蓼胡蝶は源氏名を小蝶といい、新橋芸者として名を馳せましたし、春日とよも鶴助という名の浅草芸者でした。

小唄も宮薗節や荻江節、うた沢などと同じく、花柳界の芸者たちによって伝承されてきましたが、小唄幸兵衛という男の家元も出ています。

彼は料理屋を経営する板前だったのですが、横山さきの稽古所に通ううちに、趣味が高じて小唄派という一派を立ち上げました（一九二四年）。

この頃の小唄は小座敷が舞台で、大きな音は不粋ですから爪弾きです。曲の長さは一分未満〜四分位と短く、三味線は中棹を使います。

当初はうた沢や端唄などの歌詞をそっくり借りて、小唄調にアレンジしていたようですが、専門の作詞家が出るようになると、洒落やうがちを含んだ、軽妙洒脱な内容に変わっていきました。それをさらに広げたのが吉田草紙庵です。

草紙庵は幼少期に長唄を習い、その後清元節に転じますが、わけあって一時芸界を離れ茶道の道に入りました。草紙庵というのはその時の雅号です。

三十歳の頃、友人である市川三升《さんしょう》（九代目団十郎の娘婿）の勧めで小唄仲間に加わり、小唄の作曲をするようになりました（一九〇五年頃）。

また平岡吟舟の東明節にも参加して芸域を広げました。彼は三升の作詞に曲を付けているうちに、新派や歌舞伎を題材にした芝居小唄や歌舞伎小唄を作るようになりました。

従来の座敷小唄はチントンシャンで始まり、チントンシャンで終わるというのが定石ですが、彼は芝居の雰囲気を盛り上げるために、歌詞にセリフを盛り込んだり、出の前弾《まえび》き

（前奏）や、引っ込みの送り（後奏）を付けたりしたのです。

これは当時としては画期的な出来事で、何かと反感も強かったようです。しかし彼の芝居小唄は、劇場でも演奏できるとあって次第に流行り出し、小唄界に大きな新風を吹き込みました。

草紙庵は座敷小唄から始まった小唄を、舞台で演奏される鑑賞用の小唄にと進化させたのです。


この頃の政治家たちは、料理茶屋（料亭）で酒を飲みながら政治を動かしていました。いわゆる待合政治です。財界人もまた、接待や密談・遊興などに料理茶屋を利用したのです。宴席に芸者は付きものですから、この時期はどこの花柳界も花盛りでした。

芸者たちは座敷芸の小唄や端唄に磨きをかけ、一方の客は小唄の二、三番も唄えなければ野暮天といわれるようでしたので、東京小唄会という同好会のようなものを作り、稽古に励みました。

草紙庵は東京小唄会で、彼らの作った詞に即興で曲を付けることもしています。自作の小唄を「どうだ！」とやれば、お座敷で鼻も高いことでしょう。

第二次世界大戦（一九三九〜四五年）前後には、市丸・小唄勝太郎・赤坂小梅・新橋みどり・浅草〆香・日本橋きみ栄・神楽坂はん子など、小唄自慢の芸者がわんさと出ました。みな自分の所属する花街を名字にしましたので、どこの芸者かが一目瞭然です。

この頃は芸者全盛の時代です。

彼女たちは料亭の客として来る作曲家や音楽関係者に、その声を見込まれて次々と歌手デビューしました。このような歌手兼芸者をうぐいす芸者といったようです。

そして市丸・勝太郎・小梅などの相三味線を勤める、三味線豊吉とのコンビで、三味線入り歌謡曲という新しいジャンルの音楽が生まれたのです。

豊吉は新橋烏森の芸者の出で、子供の頃から長唄・常磐津節・清元節・歌沢を学び、芸者時代は小唄・端唄・俗曲の三味線を専《もっぱ》らにした名人です。

戦後の高度経済成長期（一九五五年頃〜）に入ると、紳士のたしなみとして「三ゴ」の趣味が推奨され、ゴルフ・囲碁・小唄が持て囃されました。小唄は爆発的に愛好者人口を増やし、流派の数も増えていきました。

その後、日本小唄連盟が設立され（一九五六年）、公益社団法人として認可されています（二〇一二年）。

現在は五〇ほどの流派が登録されていますが、全国的な花柳界の衰退と芸者の激減で昔日の勢いはないようです。

大和楽

平岡吟舟の東明節に触発されて生まれたのが大和楽《やまとがく》です（一九三三年）。大倉財閥の二代目総帥、大倉喜七郎は美術から音楽まで、あらゆるジャンルに造詣が深く、自らもたしなむ風流人でした。財力も人脈もありますので、多方面に渡りパトロンとして支援もしました。

また父喜八郎が出資していた、田中正平の美音倶楽部に倣って、大倉音楽研究所を設立。長唄・一中節・河東節・荻江節などの研究もしていました。

そして従来の三味線音楽ではない、昭和の新しい三味線音楽を作ろうと思い立ち、洋楽や邦楽の名士を集め、創作したのが大和楽という新邦楽です。

それは島崎藤村や北原白秋などの詩人が書いた詩を、三味線の伴奏で女性が唄うというロマンチックなものです。コーラスの部分もありますので、指導にはソプラノ歌手原信子が、作曲・演奏には、東明流にも関わりのある宮川寿郎（三世清元栄寿郎）があたりました。

喜七郎自身も大和聴松という名で作詞・作曲・演奏を行なっています。長唄は、哥沢の岸上きみや、四世杵屋佐吉門下で、美声の誉れ高い三島儷子などが担当しました。

当初大和楽は清元節の三味線弾きが兼業し、舞踊の地として人気もありましたが、喜七郎や宮川・岸上など草創期の主要人物が没すると、三味線弾き不足から低迷期が続きました。

儷子は創作邦楽研究会の同人、長唄の芳村伊十七《いそしち》（七世伊十郎門下）をタテ三味線に迎えます。伊十七は大和久満《ひさみつ》と名乗り、作曲と演奏を一手に引き受けました。

その後儷子は、理事長制の新生大和楽を組織し、大和美世葵《みよき》と改名して家元になりましたが、それに不満を持つ反対派と対立し、大和楽は二派に分裂しました。

反対派は本名で活動したようですが、現在ではあまりみかけません。

美世葵の晩年に、久満が二世家元を襲名。久満没後は娘の櫻笙《おうしょう》が三世家元を襲名し（二〇一四年）、現在に至っています。

三味線は清元節と同じく中棹を使用します。

第十一章

そのほかの三味線

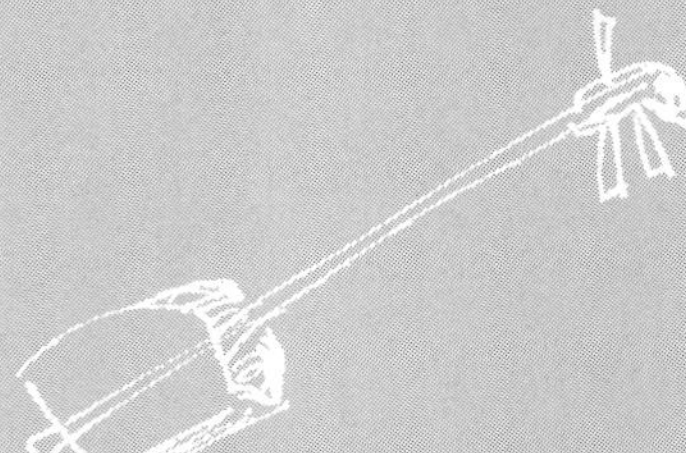

瞽女唄

室町時代に瞽女《ごぜ》という、鼓を打って物語などを語る盲目の女芸人がいました。瞽女は江戸時代になり三味線がポピュラーになると、鼓を三味線に持ち替えて浄瑠璃や説経節などを語りました。

瞽女の仕事は琵琶法師と同じく、旅回りの門付です。半盲の手引きを先頭に、数人が列になって、おもに鄙びた農村や山村を回りました。

瞽女は琵琶法師と同じく、当道で管理支配されていましたが、明治新政府により当道制度が廃止されると、当道職屋敷は解体され、彼らは解放されました（一八七一年）。その後同業組合として再編成されますが、琵琶法師は急速に衰退に向かいました。

もっとも琵琶法師といっても、放浪芸人の琵琶法師は、瞽女が鼓を三味線に持ち替えたのと同じ頃に、琵琶を三味線に替えていますので、厳密にいえば三味線法師です。彼らのレパートリーは説経節・浄瑠璃・祭文・言祝《ことほ》ぎ唄などです。

一方、瞽女は各地でそれぞれ瞽女仲間という、小さな組織を作って動いていましたので、当道解体の影響はあまり受けなかったようです。

瞽女の芸も三味線法師と似たようなものですが、口説《くど》きという説経節が瞽女唄の特徴になっています。

瞽女の中でも特に勢力を誇るのが、越後高田の瞽女です。明治末（一九〇四年頃）に高田瞽女は一〇〇人を数え、最盛期を迎えています。

残念ながら瞽女は昭和三〇年代（一九五五年～）あたりから衰退していきました。越後には高田瞽女と長岡瞽女の二派がありましたが、最後の高田瞽女となった杉本キクエは八十五歳で、最後の長岡瞽女となった小林ハルは百五歳で世を去りました。

二人とも選択無形文化財の保持者に認定され、黄綬褒章を授与されています。

現在は地元の保存会はもとより、瞽女唄に触発された若手の民謡三味線奏者などが継承し、それぞれに普及活動を行なっているようです。

津軽三味線

津軽三味線は、この瞽女に手ほどきを受けた秋元仁太郎《にたろう》が始めたといわれています（幕末・一八五三～六九年頃）。

仁太郎は金木町《かなぎまち》の神原村《かんばら》に生まれました。生後間もなく母親を失った仁太郎は、渡し守の父に育てられますが、八歳の時に天然痘にかかり失明してしまいます。

父親は彼をホイド（物貰い）にするべく笛を与えました。仁太郎には音楽の才能があったようで、たちまち笛をこなし、尺八にも興味を示しました。

ある日、父親の渡し船に乗った一人の離《はな》れ瞽女（瞽女社会の掟を破った者）が急病にかかり、父親が家で休ませることにしました。瞽女は身体が回復するまでの少しの間、当時十歳くらいだった仁太郎に三味線を教えたのです。

それからほどなくして仁太郎は父親を水の事故で亡くしてしまいます。生きていくために仁太郎は十六歳でボサマになりました。津軽では盲目男子の門付芸人のことをボサマといいます。

ボサマは家々を回って「じょんがら」「よされ」「おはら」などの津軽民謡や、踊りなどを演じて米や金をもらいます。

仁太郎のボサマ名は仁太坊《にたぼう》で、神原《かんばら》の仁太坊と呼ばれました。プライドの高かった仁太坊は物乞いの門付が嫌になり、盛り場や居酒屋で客を相手に三味線を弾くようになりました。

彼は二十歳の頃、義太夫の太棹《ふとざお》三味線に出合い、打つ・叩くという奏法を知るのです。

門付にしても居酒屋にしても、大きな音を出さなければ客に振り向いてもらえません。誰よりも大きい音を出すというのがボサマ三味線の命なのです。

仁太坊はそれまでの細棹三味線を、二周りも大きい太棹三味線に変え、皮に撥を烈しく叩きつけて弾くという、ダイナミックな奏法、叩き三味線を編み出します。

当道が健在であれば、仁太坊の無手勝流の三味線などは許されなかったし、存在もしなかったのでしょうが、当道が廃止（一八七一年）されたからこそ、仁太坊の自由奔放で規格外れのボサマ三味線が市民権を得ることができたのです。

やがて仁太坊の噂は津軽中に広がり、多くの若者が門を叩くようになりました。

そこから出た天才・名人たちによって、単なる津軽民謡の伴奏だったボサマの三味線が、独自の津軽三味線へと進化するのです。

仁太坊の教えは、三味線の浄瑠璃版とでもいいましょうか、「自分の真似はするな、己の芸を創れ」というものでした。

その昔、浄瑠璃太夫はあまたの競合に勝つために、師匠の節を乗り越え、独自の節を編み出し生き残ってきました。仁太坊はそれを三味線に求めたのでしょう。津軽三味線では個々の技法を○○手《で》といいます。

仁太坊の一番弟子は喜之坊《きの》です。二番弟子は十五歳で入門した長作坊《ちょうさく》。長作坊は師の編み出したドッテン（びっくりする・驚かせる）という「叩き」奏法とは正反対の「音澄《ねず》み」奏法を編み出しました。

細い三の糸を多用して、三味線の澄んだ音色を聞かせるというものです。この技法は彼の出身地長泥《ながどろ》にちなんで、長泥手といわれました。これはのちの弾き三味線の大もとになりました。

三番弟子は大工の黒川桃太郎。嘉瀬《かせ》村の出なので、通称嘉瀬の桃といわれています。津軽の三味線がボサマ三味線以外の展開を見せるようになると、次第に晴眼者の間にも広がっていきました。桃太郎は棟梁が贔屓にする仁太坊の芸に感銘を受け、二十四歳で入門したのです（一九一一年）。

持って生まれた美声と、独特の節回しでみるみる頭角を現した嘉瀬の桃は、即興で歌詞や節を変えたりして津軽民謡を唄いました。彼の唄う民謡は桃節と呼ばれて人気を集めました。

現在伝えられている、津軽の三つ物といわれる「津軽よされ節」「津軽おはら節」「津軽じょんか（がら節」は桃節といわれています。

嘉瀬の桃は、いつの頃からか三味線の名人梅田豊月《うめだほうげつ》とコンビを組んで巡業をするようになりました。豊月も晴眼者の農民で、十六歳の時に長作坊に入門しました（一九〇二年）。豊月は、師の音澄みに早弾きを加え、澄んだ音色の弾き三味線を編み出しました。彼は梅田村の出でしたので、この技法は梅田手といわれます。豊月は嘉瀬の桃が旅先で急死してからは（一九三一年）、浪曲（後述）の三味線弾きに転向しました。

そして仁太坊の最後の弟子となったのが白川軍八郎です。彼は豪農の家に生まれ、四歳の時に失明しました。九歳（一九一八年）で仁太坊に弟子入りをすると、瞬く間に才能を発揮しました。

軍八郎は仁太坊のもとで叩き三味線を学ぶ一方、長作坊の長泥手、豊月の梅田手を独学でものにしました。そして十五歳の時に弾き三味線を主とした、独自の軍八郎手を編み出し独立したのです。

彼はボサマの門付を嫌い、晴眼者の唄会一座（旅回りの民謡一座）の三味線弾きになりました。

民謡の伴奏では唄に入る前に少し前奏があるのですが、技に自信のある軍八郎はその前奏を少しずつ長くしていき、曲弾き（ソロ）として聴かせたのです。

津軽三味線の特徴でもあるスクイ（撥先で糸を引っかける技法）とハジキ（糸を指ではじくピッチカート）の超速的な演奏は軍八郎の独壇場です。

軍八郎は今までは単なる唄の伴奏にすぎなかった津軽三味線を、独奏楽器として唄と同じレベルにまで引き上げたのです。

豊月の孫弟子に高橋竹山《ちくざん》がいます。竹山は小湊村の農家の末っ子として生まれましたが、二歳の頃麻疹にかかって視力を失いました。竹山はボサマが来るとついて歩いたそうで、親が三味線を買って与えたのだといいます。

十四歳で隣村のボサマ、戸田重次郎に弟子入りしました（一九二四年）。重次郎は豊月の弟子です。

竹山は弟子入りしてほどなく、重次郎に連れられて門付を始めたのですが、すぐに師匠を追い越したといいます。二年ほどで教わる曲が尽きてしまった竹山は、師匠の家を出されました。

独り立ちした竹山は門付の傍ら唄会一座にも加わりました。そして民謡の伴奏をしながら、レコードを聴いて浪曲《ろうきょく》の三味線を独学で習得。二十七歳頃から浪曲の三味線弾きとして、各地を回り始めました。

戦争が烈しくなると三味線では生活できず、竹山は鍼灸師の資格を取りました。

戦後世の中が落ち着くと津軽民謡の大家、成田雲竹《なりたうんちく》から声がかかり、竹山は伴奏者として行動を共にすることになりました。竹山という名は、雲竹からもらったものです。

やがてラジオ青森が開局（一九五三年）すると、竹山は雲竹と共に出演し、民謡番組の人気者になりました。

そしてラジオで竹山の三味線を聴き、心が震えたキングレコードの若きディレクターは竹山の三味線だけのソロアルバムを出そうと決心します。

会社の大反対を押し切って出したレコード、「津軽三味線・高橋竹山」（一九六三年）は大ヒットとなり、津軽三味線という言葉が市民権を獲得するのです。

竹山はその後、渋谷のライブハウスで定期公演をするようになり（一九七三年〜）、若者の間に津軽三味線ブームが沸き起こりました。竹山は毎月青森から汽車に乗って、渋谷に通ったといいます。

竹山と同じ時期に活躍した三味線弾きに木田林松栄《りんしようえ》がいます。晴眼者の彼は十歳で三味線を始めました。弾きの竹山、叩きの林松栄といわれ、この二人が津軽三味線ブームを牽引したのです。

基本的にボサマ三味線から生まれた、即興性の強い津軽三味線には、芸の統一を旨とする流派・家元という概念はなかったのですが、今日では幾つかの流派があり、それぞれが家元を名乗っています。

津軽三味線は個人プレーの音楽ですので、全国的な組織はまだないようですが、幾つかの組織が存在し、それぞれが独自に津軽三味線のコンクールを行なっています。木乃下真市《きのしたしんいち》・踊正太郎《ようしょうたろう》・上妻宏光《あがつまひろみつ》・浅野祥《あさのしょう》・吉田兄弟など、現在メジャーで活躍している演奏者は、みなコンクールから出たチャンピオンたちです。彼らの音楽は若者を大いに刺激し、津軽三味線人口は現在五万人ともいわれます。

津軽三味線は今まさに進化のまっただ中にあります。日本で一番活気のある、時流に乗った三味線音楽といえるのではないでしょうか。

ロックバンドで活動したり、洋楽とのセッションを行なったり、ライブハウスなどでの演奏にもまったく違和感を感じさせません。エレキ三味線の機能もまさに津軽三味線にはピッタリです。

津軽三味線は義太夫三味線と同じ太棹です。撥は小ぶりで長唄とほぼ同じサイズです。

撥先は鼈甲製で薄い。これは超絶テクニックを聴かせるためでしょう。大きい撥だと細かい技巧が効かないのです。

浪曲

江戸中期に上方で「浮かれ節」というのが流行りました。これは三味線を弾きながら、説経節・でろれん祭文（ちょぼくれ・ちょんがれ）・阿呆陀羅経《あほだらきょう》などの雑芸《ぞうげい》を語ったり唄ったりするもので、乞食坊主や願人《がんにん》坊主の大道芸・門付芸の類《たぐ》いです。

浪花《なにわ》伊助という者がそれを得意とし、評判を取りましたので「浪花節」という称が生まれたとされていますが、異説もあります。

その後伊助の弟子たちによって節が磨かれ、先行芸能の講談なども取り入れるなど、完成度を増した浪花節は、幕末頃に江戸に伝わり流行しました。

始めは大道や、ヒラキという仮設小屋で演じられていた浪花節ですが、次第に寄席にも出るようになり、寄席芸に昇格しました（一八七二年頃から）。

京山《きょうやま》恭安斎《きょうあんさい》がその頃の名人といわれています。そして桃中軒《とうちゅうけん》雲右衛門《くもえもん》・吉田奈良丸・二代目広沢虎造など名人の出現と、ラジオ放送やレコードの普及により、浪花節は一挙に全国区となりました。
戦前戦後を通じて、浪花節は大衆芸能の王者となり、大劇場を何日も満席にするほどの集客力を持つ芸能になりました。

浪花節という名称が浪曲《ろうきょく》に変わったのは昭和（一九二六年〜）に入ってからといわれています。それ以後浪花節語りを浪曲師、三味線弾きを曲師（音曲師の略か）というようになりました。

曲師の三味線は太棹で調子（チューニング）は三下《さんさが》りです。基本的な決まりごとはあるのでしょうが、譜面というものは特にないといいます。浪曲師の口調に応じて即興で三味線をあしらっていく、という感じなのでしょう。

曲師の三味線に津軽三味線の口説きのような匂いがするのは、同類としてのDNAか、はたまた一時曲師をした津軽芸人の影響でしょうか。

浪曲には関西節と関東節があり、三味線の音色にも違いがあります。関西では水調子といわれる低い調子が、関東では張った艶のある、高い音色が好まれているようです。

浪曲界には次々と名人が現れ、一時は落語・講談を抜いて一世を風靡したのですが、寄席や劇場の閉鎖、またうぐいす芸者から始まった、派手で色気のある三味線入り歌謡曲に人気が移ったりするなどで、次第に衰退を余儀なくされました。

一九五三年にＮＨＫのテレビ放送が始まりますと、芸能は一気にマスメディアに向かいます。

民謡歌手が歌謡曲の歌手に転向したり、浪曲界から歌謡浪曲が生まれたりしました。その後、雨後の竹の子の如く歌手が湧いて出るようになり、洋楽器に三味線入りというスタイルの歌謡曲が、一世を風靡するようになるのです。

浪曲の受難時代は続きましたが、それでも西に京山幸枝若《きょうやまこうしわか》、東に国本武春などが登場すると、浪曲界は再び活況を呈するようになりました（一九〇〇年代後半頃）。

しかし残念なことに幸枝若は一九九一年に世を去り、革新的な浪曲を展開していた、浪曲界の異端児ともいえる武春も、五十五歳の若さで世を去りました（二〇一五年）。

彼らのあとに続くのは、東大出の女浪曲師春野恵子や、千葉大出の玉川太福《だいふく》などの若手です。

現在浪曲界には、関西エリアを統括する浪曲親友協会（公益社団法人）と、関東エリアを統括する日本浪曲協会（一般社団法人）の二つの組織があり、それぞれ数十人が登録されています。

民謡

民謡という名称は、明治中期に翻訳語として生まれたものです。もともとは地域の共同体の暮らしの中から生まれた、労働歌や信仰歌が始まりですので、民謡の歴史は限りなく古いのです。

大和朝廷の頂点に立った天武天皇が畿内・畿外の豪族から芸能を献上させて服属の証としたのは飛鳥時代（五九二〜七一〇年）のことです。この時すでに、各地域には各氏族の長に捧げる、グルーミング（毛繕《けづくろ》い）的な芸能が存在していました。

時代とともにその芸能は、郷土色を増しながら、民間から自然発生的に次々と湧き上がってきました。

これが俚謡《りよう》とか俗謡とかいわれるもので、その種類は複雑多岐にわたり、とても分類できるものではありませんが、それらを包含した称が民謡というわけです。

江戸時代に日本中で大流行した「伊勢音頭」（「川崎音頭」とも）という曲があります。伊勢神宮の門前町山田の川崎町で生まれました（一七二〇年頃）。

これが精進落としで賑わう伊勢古市《ふるいち》遊廓の遊女たちに伝わり、客をもてなす総踊りになりました。

そして伊勢参りに来た客が、遊廓で覚えた伊勢音頭をそれぞれのお国に持ち帰るうちに、日本各地にあまたのご当地版伊勢音頭が生まれたのです。

当の古市でも毎年新作が作られましたし、当意即妙に歌詞を変えたり、旋律を変えたりすることが、ある意味民謡の真骨頂ですので、当初からとても出所が同じとは思えない伊勢音頭がたくさん存在しました。

同じような理由で同名の民謡も数えきれないほどたくさんあります。正調と付くのが本家になるのでしょうか。新民謡などのご当地ソングも限りなく生まれますから、民謡の数は実に六万曲近くもあるといわれています。

民謡界の新しい動きとしては、本條秀太郎《ひでたろう》の俚奏楽《りそうがく》があります。彼は十三歳の時茨城から上京し、民謡三味線藤本琇丈《ひでお》の内弟子となりました。そして新しい三味線音楽を創作し、独立して本條流を創設しました（一九七一年）。

俚奏楽は民謡をベースに、大和楽や端唄・小唄などをミックスしたような自由な旋律の音楽です。しかしあまり他流には広がらないようで、一門の間で独自に行なわれているようです。

また民謡界の大御所、伊藤多喜雄は伝統に根ざしながら、ダイナミックに現代性をアレンジした作品を数多く発表しています。中でも革新的な作品が、全国的なブームを巻き起こしたロック調の「TAKiOソーラン節」（一九八八年）です。

ひょんなことから北海道のソーラン節と、高知のよさこい踊りが合体した「よさこいソーラン踊り」が生まれ（一九九一年）、「TAKiOソーラン節」が使われたのです。北海道では毎年「YOSAKOIソーラン祭り」が行なわれ、揃いの衣裳の若者グループが、全国から三〇〇組も参加し、コンクールで踊りを競います。これは室町時代に流行った風流踊りの現代版バリエーションの一つともいえるでしょう。

現在は公益財団法人「日本民謡協会」（一九五〇年設立）が、津軽三味線や民謡の全国大会など主催し、民謡の普及・啓蒙活動を行なっています。

その他地域の民謡連合会などでも、津軽三味線同様にコンクールが行なわれています。民謡の三味線は中棹を使います。

あとがき

今から三〇年以上も前になるでしょうか、お稽古に上がったばかりの若者が私にこう言いました。

「先生、三味線全般が分かる、軽い本を書いて下さいよ」

「そうね」と答えたものの、その時の私はまだまだ本を書く能力など持ちあわせていませんでした。

それから数年後、少しは自分の中の機が熟してきたのでしょうか。私はまず自分の専門である『長唄を読む』を書き始めました。

この本は長唄全般を歴史と共に俯瞰するという目的で書きましたので、全三巻・各五〇〇ページにも及ぶ長編になってしまいました。その後に出した改訂版には全曲の意訳を加えましたので、トータルで二〇年近くもかかりました。

さすがに二度と原稿を書くのは嫌だと思っていたのですが、不思議なことにある日、あの本を書くのは今かもしれない、とひらめいたのです。

しかし私は一介の三味線弾きですので、三味線（三味線音楽の意味）というものを専門書的に書こうとは思いませんでした。

私の興味は、三味線が開花する土壌となった遊里・芝居、またそこにうごめく遊女・役者、彼らを取り巻く市井の人々の方にありましたから。

どちらの分野にも専門家はたくさんいらっしゃいますが、互いに独立した縦の関係です。

両者を野次馬的な目線でシンクロさせれば、面白いものが出来るかもしれない。そう思って取りかかったのですが、関連事項を横につなぎ合わせ、歴史を追って話を並べていくのはかなり大変な作業でした。

自身を鼓舞するよりどころになったのは、七〇年近くも三味線を弾いてきたプロとしての勘と経験です。

素人ゆえの認識不足や勘違いもあるかと思いますが、気軽に読めて楽しめる手引書になったのではないかと思っています。

私の母は大正十四年（一九二五）、ちょうどNHKラジオで「三味線のお稽古」が始まった翌年に生まれ、子供の頃から稽古を初めました。寺に嫁いでからは稽古どころではなく、三人目に跡継ぎを産んでから、家人に内緒で稽古を再開したのです。

母は弟をねえやに見させ、次女の私の手を引いて稽古に通ったようです。それが私と三味線の縁の端となり、同行二人で今日まで来ました。

東京藝術大学に邦楽科が設置されたのは、私が生まれた年（一九四八年）です。母の奔走で受験に間に合い、入学。

私が二年生の時に女流長唄「繭の会」が発足しました（一九六九年）。卒業後、私は今藤流に入門しました。そこで仕込まれ何とか使えるようになった頃、「繭の会」は女流長唄演奏家のプロ集団として先陣を切って走っていました。私も仲間たちと一緒にその後を追いました。

また私の師匠今藤綾子師が、唄方の杵屋佐登代師と共に女流長唄初の人間国宝に認定されると（一九八七年）、「国宝の会」「至宝の会」なるものが方々で催され、私も舞台の末席に並ばせていただきました。

薫陶を受けたお二人も世を去り、実践で鍛えていただだいた「繭の会」も、解散しました。

振り返りますと、どうやら私は女流長唄演奏家として一番いい時代を歩いて来たような気がします。


最後にこの本を書くにあたり、小学館スクウェアの皆さまには大変お世話をおかけしました。わけても編集の兼古氏には適確な御教示をいただき感謝しています。

また表紙と章扉には、知人の砂村豊子氏（藝大油絵科卒）のイラストを使わせていただきました。タイトルとピッタリのイメージでとても気に入っています。あわせて感謝いたします。

参考文献

『日本音楽の歴史』吉川英史著（創元社　一九六五）
『三味線音楽史』田辺尚雄著（柏出版　一九七五）
『近世生活史年表』遠藤元男著（雄山閣　一九八二）
『三味線の美学と芸大邦楽科誕生秘話』吉川英史著（出版芸術社　一九九七）
『長唄のうたひ方と弾き方』町田嘉章著（教文館　一九三〇）
『長唄名曲要説』浅川玉兎著（長唄友の会　一九六八）
『続長唄名曲要説』浅川玉兎著（日本音楽社　一九八〇）
『長唄名曲要説　補遺』浅川玉兎著（日本音楽社　一九八〇）
『御屋敷番組控　一』三世杵屋勘五郎筆録（日本芸術文化振興会　二〇一八）
『名人忌辰録・下』関根只誠著（ゆまに書房　一九七七）
『邦楽百科辞典』（音楽之友社　一九八四）
『歌舞伎事典』（平凡社　一九九一）
『歌舞伎名作事典』（演劇出版社　二〇〇一）
『娘道成寺』渡辺保著（駸々堂出版　一九八六）

『遊女の文化史』佐伯順子著（中公新書　一九八七）
『遊女と天皇』大和岩雄著（白水社　1993）
『信長と秀吉と家康』池波正太郎著（PHP文庫　一九九二）
『江戸の庶民生活・行事事典』渡辺信一郎著（東京堂出版　二〇〇〇）
『大江戸の文化』西山松之助著（日本放送出版協会　一九八一）
『江戸時代のさまざま』三田村鳶魚著（博文館　一九四九）
『江戸の盛り場』海野弘著（青土社　一九九五）
『遊女の世界』今戸榮一著（日本放送出版協会　一九八五）
『大江戸女ばなし』重松一義著（PHP研究所　一九八八）
『江戸の芸者』珍奮館主人著（中公文庫　一九八九）
『隅田川と江戸庶民の生活』高柳金芳著（国鉄厚生事業協会　一九八四）
『吉原・島原』小野武雄著（教育社　一九七八）
『江戸の役者たち』津田類著（ぺりかん社　一九八七）
『幕末明治風俗逸話事典』紀田順一郎著（東京堂出版　一九九三）
『長唄閑話』稀音家義丸著（新潮社　二〇〇二）
『日吉小三八聞書き』長唄研究会編（邦楽社　一九九七）

『杵家史』杵家会杵家史編纂委員会編（杵家会　二〇〇三）
『東京おぼえ帳』平山蘆江著（ウエッジ文庫　二〇〇九）
『横浜富貴楼お倉』鳥居民著（草思社文庫　二〇一六）
『せんすのある話』荘司賢太郎著（創英社　二〇〇三）
『江戸落穂拾』荘司賢太郎著（創英社　二〇〇六）
『江戸吹き寄せ』荘司賢太郎著（創英社　二〇〇九）
『改訂版・長唄を読む』全三巻　西園寺由利著（小学館スクウェア　二〇一四）
「津軽三味線創生期物語」（大内清野・ウェブサイト）http://www.oouchi-seino.com/
「高橋竹山生誕一〇〇年」（高橋竹山・オフィシャルウェブサイト）http://chikuzan.org/
「幻の古曲、宮薗節」（土取利行・音楽略記・ウェブサイト）http://d.hatena.ne.jp/tsuchino-oto/20110719/1311082545
「東京新橋組合」（オフィシャルウェブサイト）http://shinbashi-kumiai.tokyo/

西園寺由利（さいおんじ　ゆり）

長唄三味線演奏家
1948年香川県坂出市生まれ。

３歳から三味線を始める。

1971年　東京藝術大学音楽学部邦楽科卒業。

1983年　ユーミック創設。

現在、大阪芸術大学非常勤講師を勤める。

著書に『改訂版 長唄を読む』（全３巻）の他、ユーミックメソッドによるレッスン曲集「初級編上・下」「中級編上・下」がある。

URL:http//www.youmic.com/

三味線ザンス　遊里と芝居とそれ者たち

2019年４月10日　初版第１刷発行

著　　者　西園寺 由利

発　　行　小学館スクウェア
〒101−0051
東京都千代田区神田神保町2−13　神保町ＭＦビル４Ｆ
Tel：03−5226−5781　Fax：03−5226−3510

装　　丁　中村 方香

印刷・製本　中央精版印刷株式会社

Printed in Japan　ISBN978-4-7979-8756-0